技工院校体育选项课模式创新与教学指导

岳　芳◎主编

科学技术文献出版社

·北京·

图书在版编目（CIP）数据

技工院校体育选项课模式创新与教学指导 / 岳芳主编. —北京：科学技术文献出版社，2023.4
ISBN 978-7-5235-0164-1

Ⅰ．①技… Ⅱ．①岳… Ⅲ．①体育—教学研究—技工学校 Ⅳ．① G807.4

中国国家版本馆 CIP 数据核字（2023）第 064481 号

技工院校体育选项课模式创新与教学指导

| 策划编辑：李 蕊 胡 群 | 责任编辑：王 培 | 责任校对：张永霞 | 责任出版：张志平 |

出 版 者	科学技术文献出版社
地　　址	北京市复兴路15号　邮编 100038
编 务 部	（010）58882938，58882087（传真）
发 行 部	（010）58882868，58882870（传真）
邮 购 部	（010）58882873
官方网址	www.stdp.com.cn
发 行 者	科学技术文献出版社发行　全国各地新华书店经销
印 刷 者	北京厚诚则铭印刷科技有限公司
版　　次	2023 年 4 月第 1 版　2023 年 4 月第 1 次印刷
开　　本	787×1092　1/16
字　　数	232千
印　　张	10.25
书　　号	ISBN 978-7-5235-0164-1
定　　价	46.00元

版权所有　违法必究

购买本社图书，凡字迹不清、缺页、倒页、脱页者，本社发行部负责调换

《技工院校体育选项课模式创新与教学指导》编委会

主　审　包英华　蔡夕忠　熊军权
审　核　刘海云
主　编　岳　芳
副主编　肖向滨　张璐璐
参　编　王冠捷　白营涛　唐嘉宁　廖小伟

目　录

第一章　体育与健康理论 ··· 1
　　第一节　运动与健康 ··· 1
　　第二节　生活方式与健康 ··· 4
　　第三节　科学锻炼与运动损伤预防 ································· 9

第二章　团队协作的大球运动 ··· 14
　　第一节　足球 ··· 14
　　第二节　篮球 ··· 32
　　第三节　排球 ··· 51

第三章　灵活多变的小球运动 ··· 75
　　第一节　乒乓球 ··· 75
　　第二节　羽毛球 ··· 94

第四章　展示力与美的操舞运动 ······································· 108
　　第一节　形体训练 ··· 108
　　第二节　走进健美操运动 ··· 111
　　第三节　健美操运动的创编与赏析 ································· 122

第五章　中华优秀传统武术项目 ······································· 126
　　第一节　武术基本功 ··· 126

第二节　二十四式简化太极拳……130
第三节　散手……138

第六章　职业体能……144

第一节　职业体能的含义及有关的身体素质……144
第二节　坐姿类职业体能特点……146
第三节　站姿类职业体能特点……152
第四节　变姿类职业体能特点……156

第一章　体育与健康理论

第一节　运动与健康

> **学习目标**
> ①让学生明确心理健康和具有良好社会适应能力的重要性。
> ②使学生了解健康的标准，以及自我意识、情绪、人际关系等基本概念。
> ③培养学生自我认识、调控情绪、建立良好人际关系的能力。

一、健康

（一）健康的概念

传统意义上，人们对健康的定义就是没有疾病。随着社会的发展，人们对健康有了更深入的认识，健康不但是一个人身体没有出现疾病或虚弱现象，而且在生理、心理和社会适应方面呈现完好状态。

（二）健康五要素

①躯体健康指人体结构的完整和生理功能正常，是其他健康的基础；
②情绪健康的主要标志是情绪的稳定性，指个体应对日常生活中人际关系和环境压力的能力；
③智力健康指在长期的学习和生活中，人们的大脑始终保持活跃状态；
④精神健康主要指理解生活基本目的的能力，以及关心和尊重所有生命体的能力；
⑤社会健康指个体在与他人及社会环境的相互作用中具有和谐的人际关系和实现社会角色的能力，使人们在交往中有自信感和安全感，少生烦恼，心情舒畅。

> ### 健康的 10 项标准
>
> ①精力充沛，能从容不迫地应对日常生活和工作压力而不感到过分紧张和疲劳。
> ②处事乐观，态度积极，乐于承担责任，工作有效率。
> ③善于休息，睡眠良好。
> ④应变能力强，能适应环境的各种变化。
> ⑤具有抗病能力，能够抵抗一般性感冒和传染病。
> ⑥体重适当，身材匀称，站立时头、肩、臂位置协调。
> ⑦眼睛明亮，反应敏锐，眼睑不发炎。
> ⑧牙齿清洁，无空洞，无龋齿，无痛感；齿龈颜色正常，不出血。
> ⑨头发有光泽，无头屑。
> ⑩肌肉、皮肤富有弹性，走路轻松有力。

二、身体健康与运动

俗话说"生命在于运动"。运动有利于身体健康，同样也是提高人们运动素养的关键所在，而科学运动能够提高运动效率，实现健康发展。

（一）缓解疲劳与放松

疲劳是指一种疲乏无力的不适感，会在同等客观条件下，失去原来的工作能力。科学健康的体育活动能轻松缓解身心的劳累感，增强身体对外界的感知，减少肢体紧绷状态，减轻心中焦虑。

（二）控制体重与改变体型

过度肥胖会影响人的正常生理功能，尤其容易造成心脏负担过重，寿命缩短。适当、科学的锻炼能减少脂肪，增强肌肉力量，保持关节柔韧，控制体重，改善体型。

（三）提升心肺功能

坚持进行有氧体育运动可以优化心室内腔，使血液变得很"富有"，血液中红细胞、白细胞和血红蛋白增加，增强心壁心肌在心跳时的收缩能力，每一次心脏收缩血液流出量增加，有效改善心率，降低血压、血脂，控制血糖。

（四）增强呼吸系统的功能

人在体育锻炼过程中，呼吸加深，吸进更多氧气，排出更多二氧化碳，从而使肺活量增大，肺功能增强。经常锻炼的人呼吸显得平稳、深沉、匀和、频率较慢。

（五）提高消化系统功能

运动中肌肉活动所需的营养物质大大增加，长期坚持体育锻炼，会促使胃肠消化功能加强，消化腺分泌的消化液增多，消化管道蠕动更强。胃肠和血液循环改善，使食物的消化和营养物质的吸收更充分与顺利。

三、心理健康与运动

（一）心理健康的概念

从广义上讲，心理健康是指一种高效而满意的、持续的心理状态；从狭义上讲，心理健康是指生活在一定社会环境中的个体，在高级神经功能正常的情况下，智力正常、情绪稳定、行为适度、具有协调关系和适应环境的能力及性格。

心理健康的标准

智力发育正常，即个体智力发展水平与实际年龄相称。
情绪积极稳定。尽管会有悲哀、困惑、失败、挫折等，但不会持续。
人际关系和谐。尊重理解他人，学习他人长处，友善、宽容地与人相处。
良好的自我意识。清楚自己存在的价值，有自己的理想，对未来充满信心。
稳定、协调的个性。能对自己个性倾向和个性心理特征进行有效控制与调节。
热爱生活，能充分发挥自己各方面的潜力，不因挫折和失败而对生活失去信心。

（二）运动对心理健康的影响

1. 情绪调节

体育锻炼对情绪调节有十分明显的积极作用。例如，体育锻炼能够分散对忧虑和挫折的注意，使学生摆脱消极体验，从运动中获得愉快感和满足感，从而稳定情绪。体育锻炼还可以帮助学生宣泄消极情绪，释放内心郁闷，降低内心的紧张状态，保持心理平衡。研究表明：运动可减少人情绪上的负担，甚至能减轻因偶发事件而造成的心理负担。如同人们在愤怒时摔东西所起到的迁怒、宣泄作用，运动行为可以减弱或消除情绪障碍。体育锻炼可以使学生获得控制感、竞争感、成就感，从而提高自我效能感，诱发积极的思维和情绪，对抑郁、焦虑和其他消极情绪具有一定的排解作用。最后，体育锻炼可以促进社会交往，使同学之间通过多种方式表达友情，增进交往。因此，积极参与锻炼（尤其是集体项目），可以调节人际关系，达到改善学生情绪状态的作用。

2. 社会适应

体育锻炼能协调人际关系。人类的心理适应最主要的就是对于人际关系的适应，人际关系是影响心理的重要因素之一，体育锻炼在一定的社会环境中进行，它与人群交往联系密切。人们在运动中能够较好地克服孤僻、忘却烦恼和痛苦，协调人际关系，扩大社会交往，提高社会适应能力。游戏和运动具有消除紧张、保持乐观等心理保健价值。由此可见，体育活动在增进人的交往、克服孤独感、培养心理适应能力等方面具有重要作用。

学生之间的交往应遵循真诚、自然、尊重、理解、宽容和助人等原则，并注意以下几方面：

①真诚微笑，自然大方，留下良好的第一印象。
②换位思考，宽以待人，善于处理人际矛盾。
③积极联络，主动维持人际交往。
④多参加集体活动，结识更多朋友，发现和欣赏别人的优点。
⑤当遇到棘手问题时，学会沟通、协商，也可以向信赖的成年人请教。

体育活动中的人际交往具有形象、简洁、快速、明确等特点，既会运用语言交流，也会用到肢体语言；既有队友之间相互提醒、默契合作，也有对手之间切磋技艺、拼搏竞争。这些交流促进了参与者之间的情感互动，促使人际关系变得和谐、融洽，使学生能更好地理解和尊重对方。

第二节　生活方式与健康

学习目标

①使学生掌握健康的科学内涵，认识个体健康对个人、家庭和社会的影响。
②使学生明确良好的生活方式是健康的保证，不良的生活方式会增加疾病的发生率，使学生掌握疾病的预防措施等相关知识。
③增强学生健康生活的意识，培养学生自我健康管理的技能，形成良好的锻炼习惯和健康文明的生活方式。

一、生活方式的概念

生活方式是指人们在一定的社会条件制约和价值观念指导下所形成的一系列日常生活习惯和生活模式；包括人们的衣、食、住、行、劳动工作、休息娱乐、社会交往、待人接物等物质生活，以及价值观、道德观、审美观等精神生活。生活方式包括行为习惯、生活时间、生活节奏、生活空间、生活消费等。

二、生活方式对健康的影响

有研究表明，制约人类健康的主要因素是生活方式和生活条件（50%～55%）、环境因素（20%～25%）、遗传因素（15%～20%）、医疗保健结构的工作（10%～15%）。由此可见，环境因素和遗传因素是健康的决定因素，而我们自己能决定的主要因素是生活方式和生活条件方面。

（一）不良生活方式对健康的危害

经济发展、科技进步在为现代人生活带来很多便利的同时，也带来了一些不健康的生活方式。现代人主要的不健康的生活方式包括：抽烟、酗酒，缺乏体育运动，久坐不动，长时间面对电脑、电视、手机，三餐无规律，节食、偏食、暴饮暴食，不吃早餐，作息不规律，睡眠不足，缺乏主动体检的意识，缺少与家人的交流等。这些不健康的生活方式增加了疾病发生的概率。

（二）与不良生活方式相关的疾病成因与预防

（1）传染性疾病

结核病又称"痨病"，是因结核杆菌感染引起的一种慢性传染病，以肺结核较为多见（约占结核病的80%）。肺结核的主要症状包括咳嗽、咳痰2周以上、痰中带血，部分患者会出现低烧、夜间出汗、胸痛、食欲差、疲乏和消瘦等现象。肺结核如果未得到及时治疗，会影响人的健康、工作、生活，严重时会危及生命，还有可能传染给家人和朋友。肺结核可经空气传播，因此需要提醒学生，应密切注意自己是否出现咳嗽、咳痰的症状，如果出现此类症状达2周以上，应及时到结核病防治机构就诊。只要坚持正规治疗，多数肺结核患者可以治愈。教师要教育学生养成良好的卫生习惯，在咳嗽、打喷嚏时，应使用纸巾捂住嘴巴和鼻子；提醒学生坚持体育锻炼，生活规律，注意营养，增强机体抵抗力，实现有效预防。

（2）非传染性疾病

心脑血管疾病是心脏血管和脑血管疾病的统称。它的发生受多种因素影响，高危因素主要包括肥胖、高血压、糖尿病及血脂异常等，与个人的生活方式密切相关。例如，吸烟者、长期大量饮酒者的心脑血管疾病的发病概率会增加。此外，生活节奏紧张、情绪不稳定、高盐与高脂的饮食习惯、缺乏运动等也会导致高血压、血液黏稠、肥胖等，是心脑血管疾病的危险因素。对于学生心脑血管疾病的早期预防，要重点关注以下几项。

①肥胖：我国将体质指数（BMI）大于28的人群评定为肥胖，尤其是腹型肥胖者需要重点关注。

②收缩压：收缩压≥130 mmHg，需要注意控制血压。

③空腹血糖：空腹血糖≥5.6 mmol/L，需要注意控制血糖。

④总甘油三酯：总甘油三酯含量≥2.26 mmol/L，需要控制脂类摄入。

⑤高密度脂蛋白：高密度脂蛋白含量＜0.91 mmol/L，需要控制高胆固醇食品的摄入。

上述5项指标均可作为学生心脑血管疾病的早期预警信号，如果出现上述任意2项症状，需要高度重视，及时采取调整饮食结构、加强体育锻炼等相应措施。心脑血管疾病是一种可防可控的疾病，从学生时期开始进行心脑血管疾病的早期预防，不仅必要，而且卓有成效。

三、如何养成健康的生活方式

1. 合理安排膳食

我们每天的饮食要有科学依据，为了身体的健康，要合理地去搭配各种营养。首先，早餐需要的是营养，需保证蛋白质和纤维素的摄入。其次，午餐要丰盛，对于食物的要求是品种齐全，能够提供各种人体所需的营养物质。最后，晚餐要吃少，以七分饱为宜，要清淡，不要过于油腻，选择易吸收、易消化的食物。

2. 适当的体育锻炼

体育锻炼对于青少年有重要的作用，如今青少年在学校有良好的条件，应当充分利用这些条件。研究表明，每天坚持适量的体育锻炼对慢性疾病患者健康的恢复有积极作用。

3. 保证充足睡眠

大脑的休息和调整阶段主要发生在睡眠期间，良好的睡眠不仅有利于食物消化，还有利于脑细胞的更新和代谢，更有利于我们智力和记忆力的发展。

四、营养与健康

平衡膳食是指膳食中所含营养素的数量充足、种类齐全、比例适当，并且与机体的需要保持平衡。平衡的膳食表现为由多种食物构成，能为人体提供足够数量的热能和各种营养素，满足正常的生理需要，而且要保持各种营养素之间数量的平衡，以利于消化和吸收（表1-2-1）。

表1-2-1 食物中营养素的主要功能及食物来源

营养素	概念	功能	食物来源
蛋白质	组成人体一切细胞、组织的重要成分	构建和修补组织，维持机体代谢和抵抗疾病	动物性食品，如奶类、鱼类、肉类、蛋类
			植物性食品，如豆类、谷类
碳水化合物	亦称糖类，是单糖、双糖、多糖及人体不能消化吸收的膳食纤维的总称	提供能量、促进其他营养素的代谢	蔗糖、粮谷类，如大米、小麦、玉米、大麦、燕麦、高粱、豆菽科（除大豆以外的杂豆，包括绿豆、红豆等）、水果、坚果、蔬菜（马铃薯、胡萝卜、番薯等）

续表

营养素	概念	功能	食物来源
脂类	脂肪和类似脂肪物质的统称	贮存能量和提供能量的主要物质，构成激素等活性物质的重要成分	动物性脂类，如猪油、牛油、羊油、鱼油、奶油、蛋黄油、禽类油
			植物性脂类，如花生、大豆、芝麻、棉籽、向日葵、油菜籽、核桃、松子油等
维生素	人体必需的一类微量营养素		蔬菜、水果及动物肝脏
矿物质	人体和食物中的无机物，维持人体正常生理功能必需的无机化学元素	构成骨骼的主要成分，维持神经、肌肉的正常生理功能，组成酶的成分，维持渗透压，保持酸碱平衡	蔬菜、水果、奶类及奶制品
水	人体最重要的组成成分，占体重的2/3	维持体内正常生理功能，帮助人体保持一定体温，体腔、关节、肌肉的润滑剂	饮用的水、食物中含的水、体内代谢产生的水
其他膳食成分	植物性食物中含有的不能被人体小肠消化吸收、对人体健康有益的碳水化合物	润肠通便，减少能量物质摄入量，延缓血糖、血脂升高，减少有毒金属的吸收等	蔬菜、水果、粗粮杂豆、菌藻类食物，如糙米、玉米、小米、大麦、小麦皮（米糠）、麦粉（黑面包的材料）、胡萝卜、四季豆、红豆、豌豆、薯类和裙带菜等
植物化学物质	植物中含有的较为活跃且具有保健作用的物质	抗氧化、调节免疫力、抗感染、降低胆固醇、延缓衰老等	柑橘类水果、苹果、梨、红葡萄、樱桃、黑莓、桃、杏、胡萝卜、洋葱、西蓝花等

五、维持适宜体重

（一）适宜体重的重要性

学生应合理饮食，获取充足的营养。如果营养不良，将会带来发育迟缓、智力发育不理想、免疫力下降等问题。同时，更要避免营养过剩而导致体重超标，造成肥胖。肥胖除使身体笨重、动作不灵活、学习和工作效率低下外，还会增加疾病发生的风险。随着各种代谢障碍的持续发生，肥胖学生成年后患冠心病、高血压、糖尿病、胆石症、痛风等疾病的概率也会偏高，对学生心理发展产生消极影响。此外，盲目进补、过量激素的摄入还可能导致学生性早熟。

体质指数（Body Mass Index，BMI）是一种计算身高、体重的指数，被广泛用于营养不良、超重或肥胖的筛查，其计算公式为：BMI=体重（kg）/身高（m）^{2}。

（二）体重过轻与营养不良

体重过轻通常包含两种情况：一是身体脂肪含量和体重都偏轻；二是脂肪含量正常，但是体重偏轻，这种情况主要发生在女生身上。为满足健康和生理功能的需要，男生必需的身体脂肪含量应在3%～8%，女生必需的身体脂肪含量应在12%～14%。

对于体重过轻的人，排除疾病原因后，对其进食量、能量摄入水平、膳食构成、身体活动水平、身体成分构成等项目进行评估，适当增加谷类、牛奶、蛋类和肉类食物的摄入，同时每天适量运动。

（三）超重与肥胖

肥胖是指在遗传、环境因素交互作用下，因能量摄入超过能量消耗，导致体内脂肪积聚过多，从而危害健康的慢性代谢疾病。肥胖按病因可分为单纯性肥胖和继发性肥胖。单纯性肥胖又称为原发性肥胖，其发生与遗传、膳食、身体活动、生活方式等因素有关。例如，膳食热能过高，膳食结构不合理，食用油炸食品等高能量、高密度食物，会诱发肥胖，大多数肥胖属于此种类型。继发性肥胖是由其他原发性疾病引起的肥胖。肥胖不仅对身体健康造成危害，还会产生心理行为问题。例如，对自尊、个性、社会交往、自我意识的形成产生不良影响，使人体对外界的感知、注意和观察能力下降，影响效率。

六、运动与营养

（一）体育锻炼时的营养摄入

人体在进行较大强度的体育锻炼时，体内会发生一系列的生理变化：机体能量消耗明显提高，中枢神经系统活动紧张，内分泌机能提高，酶系统活跃，新陈代谢旺盛。因而我们在进行体育锻炼时，需要通过合理的营养膳食来补充机体所需的能量和营养素，避免机体处于"亏损"状态。

①运动期间要保证足够多的主食摄入，遵照高蛋白、低脂肪的原则。用餐时2/3的食品以淀粉食物为主（面食、米饭），1/3的食品以蛋白食物为主（鸡、鱼、瘦肉等）；尽量选吃高纤维食物，纤维素有助于消化系统正常工作，粗纤维不仅对人体新陈代谢有促进作用，还可延长食物在胃中的滞留时间，消除人的饥饿感，有助于减肥。

②坚持少食多餐和营养套餐原则。在摄入总量不变的情况下，少吃多餐能确保充分地摄取营养，且不影响机体的机能状态，有助于维持体力、稳定情绪。营养套餐是指在配制各种营养素时，始终强调均衡营养，并利用营养素之间的协同互补，使营养物质起到"1+1＞2"的作用。例如，在补铁的同时补充维生素C和蛋白质，可以促进机体对铁的吸收；在补钙的

同时补充维生素 D，以便钙离子转化后让肠道更容易吸收。

（二）体育锻炼时水的摄入

体育锻炼时，人体会摄入较多蛋白质和其他营养素，营养素的运输及代谢废物的清除需要大量水，与此同时，由于运动排汗的增加，身体会丢失大量的水。身体缺水会使代谢废物在体内堆积，肌细胞体积下降，影响肌细胞内蛋白的合成。合理补水对提高运动质量至关重要。

体育锻炼时补充水的方法：运动前 2 小时，补充 250～500 mL 液体；运动前 10～15 分钟，补充 125～250 mL 液体；运动中，每隔 30 分钟，补充 125～250 mL 液体；运动后，按照体重丢失的量来确定对应的补液量。专业体育训练时，可以适当饮用运动饮料，不仅补水，还能补充糖、维生素和电解质，但要认真识别运动饮料和能量饮料，学生不能饮用能量饮料。

随着经济发展和人们生活水平的提高，矿泉水、纯净水和各种饮料丰富多样，但个别饮料只添加了糖及香料，营养价值不高，过量饮用会对健康造成危害。例如，大量饮用碳酸饮料不仅会引起胃功能紊乱，还可能影响钙离子的吸收，导致骨骼发育缓慢、骨质疏松等问题；如果饮料中糖分过高，学生大量饮用容易导致肥胖，还可能会增加龋齿的患病率。因此，饮料要有节制地饮用，尽量做到不喝或少喝，更不能以饮料代替水。

第三节　科学锻炼与运动损伤预防

学习目标

①使学生明确并自觉遵守运动安全守则。
②使学生掌握运动锻炼的注意事项，运动损伤的起因、预防与处理。
③提高学生安全进行体育锻炼的意识。

一、科学锻炼

（一）锻炼前的检查和注意事项

1. 锻炼前的自我评价

在参加体育锻炼前，要掌握自身的健康状况，对自己的健康进行全面评估是开始锻炼计划的重要前提，如有无家族病史、运动爱好、饮食情况、睡眠情况、运动的目的和居住环境等。有条件者可以进行一次体检或体质健康测试，这样可以对身体健康状况做出客观评价。

2. 体质健康测试

体质是指人体健康状况和对外界的适应能力，它是在遗传性和获得性基础上表现出来的人体形态结构、生理功能和心理因素的综合、相对稳定的特征，并且通过人体在运动中表现出的力量、速度、耐力、灵敏和柔韧等机能能力来体现。体质健康测试一般包括以下内容：

①身体形态：身高、体重、胸围、臀围、坐高和皮脂厚度等。
②身体技能：安静心率、血压、肺活量等。
③身体素质：力量指标（握力、背肌力等）、爆发力指标（纵跳、立定跳远）、柔韧性（坐位体前屈）、灵敏和协调性、平衡性、耐力。

3. 运动强度计算方法

卡洪南氏法计算运动强度：一个人接近极限运动负荷时的脉搏次数（假如每分钟是200次），减去安静时的脉搏次数（假如每分钟60次），该数值的70%再加上安静时脉搏的基数60次，是对身体最好的（能获得最大摄氧量和心输出量）运动强度，即（200-60）×70%+60=98+60=158（次/分钟）。

（二）运动锻炼注意事项

运动前，要根据自己的身体状况，选择合适的运动类型和强度。体育锻炼必须遵循人体生理变化规律，符合运动卫生要求，才能有效增强体质，防止运动损伤和疾病的发生。

1. 运动前要做好准备活动

准备活动是指在体育锻炼或运动训练前所进行的一系列身体练习，其目的在于使身体各器官、各系统迅速进入工作状态。准备活动的作用在于提高中枢神经系统的兴奋性，扩大肌肉、肌腱和关节的活动范围，克服内脏器官机能的惰性，加强心血管和呼吸系统的活动能力，使机体各方面的功能达到适应锻炼或训练的需要，预防或减少肌肉、关节和韧带的损伤。准备活动量的大小和时间的长短，应根据锻炼项目、内容、强度及季节的不同而有所差异，一般以微出汗，身体各大肌肉、韧带和关节都得到适量活动，感到灵活、舒适为宜。

2. 运动后要做放松整理活动

运动结束后，应做些身体放松练习，这样可以使人体从紧张的运动状态逐渐过渡到相对的安静状态。整理活动是促进体力恢复的一种有效措施。运动引起身体的一系列生理变化并不会随着运动结束而同时消失，如在运动中肌肉毛细血管大量开放，肌肉高度紧张，如果激烈运动后立即静止不动，肌肉内淤积的血液就不能及时流回心脏，不利于充分带走酸性代谢物，会引起肌肉痛、酸软和僵硬，不易消除疲劳。相反，运动后做一些整理活动，或通过按摩挤压肌肉和穴位，可使肌肉得到充分放松。

3. 饭后不宜进行剧烈运动

饭后，胃肠道毛细血管开放，大量血液流到胃肠道，帮助食物消化与养分吸收，此时若剧烈运动，因四肢活动量大、功能活跃，血液就会大多流向四肢，致使流经胃肠等消化器官的血液减少，妨碍胃肠的消化，长此以往，轻则会引起消化不良，重则可导致消化系统慢性疾病，如胃炎、胃溃疡等。此外，饭后胃内积累了大量的食物，进行剧烈运动时，由于食物的重力和运动的颠簸,会牵拉肠系膜,引起腹痛。因此,饭后应避免进行剧烈运动。

4. 剧烈运动时和运动后不可大量饮水

剧烈运动时,体内盐分随大量的汗液排出体外,此时若饮水过多,会使血液的渗透压降低,破坏体内水盐代谢平衡,影响人体正常生理功能,甚至会发生肌肉痉挛现象。剧烈运动时,通过增加心率和呼吸频率来增加血液和氧供应量,而大量饮水会使胃部膨胀充盈,影响呼吸。而血液的循环流量增加,会加重心脏负担,不仅不利于运动,还会伤害心脏。如果天气过热,排汗太多,可临时用湿毛巾擦汗降温,并补充少许淡盐水。剧烈运动后,同样不能大量饮水,特别是在排汗较多、体内盐分浓度降低的情况下,如果立即大量饮水,会因排汗而加快盐分损失,甚至产生脱水和头晕目眩等不良反应。

二、常见运动损伤与处理

在体育锻炼过程中,由于动作不规范或者意外情况而造成人体组织或器官的破坏和生理功能的紊乱,称为运动损伤。

(一)常见运动损伤类型

1. 开放性损伤

部分皮肤或黏膜破裂,创口与外界相通,有组织液渗出或血液自创口流出,如擦伤、切伤、开放性骨折等。

2. 闭合性损伤

伤部皮肤或黏膜完整,无创口与外界相通,损伤后的出血积聚在组织内,如挫伤、关节韧带扭伤、肌肉拉伤、闭合性骨折等。

(二)发生运动损伤的原因及预防

1. 常见运动损伤部位

从发生损伤的部位来看,四肢的损伤率最高,皮肤的损伤率次之。四肢发生损伤时,下肢所占比例较大,主要为踝关节的扭伤,躯干部位损伤率最低。

2. 常见运动损伤的原因

(1)思想因素

思想上麻痹大意,不注意科学的锻炼方法,忽视循序渐进和量力而行的原则,急于求成。不顾主客观条件,盲目或冒进地进行锻炼。

(2)准备活动不当

不做准备活动或准备活动不充分,准备活动的内容与练习内容结合不恰当。

(3)身体素质差

身体素质差,如肌肉力量和弹性差,关节的灵活性和稳定性不够,反应迟钝,这些都可能成为损伤的原因。

（4）技术动作的缺点和错误

技术动作违反人体结构、功能特点及运动的力学原理，也容易导致损伤，这是学习新动作时发生损伤的主要原因。

（5）带伤练习或疲劳状态下训练

在患病或伤病初愈阶段、睡眠不足、休息不好及过度疲劳的情况下，生理功能和运动能力相对下降，此时若参加剧烈运动，可因肌肉力量弱、身体协调性差而导致损伤。

（6）气候不良或场地不适应

气温过高、湿度过大，容易发生疲劳和中暑；而气温过低，容易发生冻伤或因肌肉僵硬而被拉伤；场地不平，容易引起踝关节扭伤。

3. 常见运动损伤的预防

①加强运动安全教育，克服麻痹思想，提高预防意识。

②认真做好准备活动，对可能发生运动损伤的环节和易伤部位要及时做好预防措施。

③合理组织锻炼，合理安排运动负荷，防止局部运动器官或肌肉负担过重。

④加强保护与帮助，特别要提高自我保护能力。例如，摔倒时立即屈膝低头，团身滚动，切不可直臂或肘部撑地。由高处跳下时，要用前脚掌着地，注意屈膝、弯腰，两臂自然张开，以利于缓冲和保持身体平衡。

（三）常见运动损伤的应急处理

发生运动损伤时，应立即去看医生。为防止损伤时疼痛、肿胀、炎性反应等症状，需采取相应的应急手段加以处理。应急处理应遵循"RICE"原则，即制动（Rest）、冷敷（Ice）、加压（Compression）、抬高（Elevation）4项原则。

1. 制动

制动对于骨骼肌的损伤来说是不可缺少的。制动主要是立即停止运动，让患部处于不动的状态。运动损伤后制动可以控制肿胀和炎症，把出血量控制在最小的限度内。然后，用石膏、拐杖或者支架把处置过的患部固定住。受伤后固定两三天，不仅可防止并发症的发生，而且对治疗也有一定帮助。如果过早地活动患部，不仅会出现内出血等症状，还可能使机能损伤进一步加重，使恢复时间延长。

2. 冷敷

冷敷在应急处置中是效果最明显的。冷敷既可以减轻疼痛和痉挛，减少酶的活性因子，又可以减少机体组织坏疽的产生，在受伤后4～6小时内所产生的肿胀也会得到一定程度的控制。冷敷还可以使血液的黏度增加，毛细血管的渗透性变小，减少流向患部的血流量。冷敷时，要注意观察局部皮肤颜色，出现发紫、麻木时要立即停用。冷敷时间不宜过长，以免影响血液循环。要经常更换毛巾，防止其变热后失去治疗作用。挫伤、肌肉折裂伤、内出血时，开始需冷敷，2～3天后进入恢复期时，为了促进血液循环，应使用热敷。

3. 加压

几乎所有的急性损伤都可以采用加压包扎的方法。加压包扎既可使患部内出血及瘀血现象减轻，还可防止浸出的体液渗入组织内部，并能促进其吸收。加压包扎有很多方法，可以把浸水的弹力绷带放进冷冻室，这样可同时起到冷敷和加压的作用，还可以使用用毛巾及海绵橡胶做的垫子进行加压包扎。

4. 抬高

抬高是把患部抬高到比心脏高的位置。它不仅可以减少通向损伤部位的血液及来自体液的压力以促进静脉的回流，患部的肿胀及瘀血也会因此得到相应的减轻。

第二章　团队协作的大球运动

第一节　足球

> **学习目标**
> ①了解古代和现代足球运动的发展概况，掌握足球运动的特点和价值。
> ②了解足球的相关技战术特点和比赛的基本规则。
> ③懂得欣赏并参与足球运动，培养学生团结拼搏、尊重他人、共同协作等集体主义精神。

一、足球运动概况

足球运动有着悠久的历史。2004年2月4日，国际足联宣布，足球起源于中国古代的蹴鞠。同年7月15日，国际足联前主席布拉特在中国国际足球博览会开幕式致辞中说："中国足球有着优秀的发展传统，山东淄博的蹴鞠对足球运动的发展有着极大的贡献。感谢中国将这项运动带给了世界，世界因为有了足球而变得更为精彩。"1863年10月26日，世界第一个足球协会在英格兰成立，这项运动逐渐走向正规化、现代化，并很快在欧洲大陆推广开来，然后逐渐发展到南美洲等地，这一天被人们公认为现代足球的诞生日。在1896年第1届现代奥运会上，足球就被列为表演项目。1908年在伦敦举行的第4届奥运会上，举行了真正意义上的足球赛。1904年，国际足球联合会（FIFA，简称国际足联）成立，其是会员协会最多的国际单项体育组织之一。1930年，国际足联开始举办世界杯足球赛，首届世界杯在乌拉圭举行。世界杯足球赛每4年举办一届，已成为全世界人们的狂欢节。

（一）足球运动的特点

1. 激烈的对抗性

一场高水平的足球比赛始终在高速激烈的对抗中进行，双方因争夺和冲撞倒地的次数可达数百次以上，并且快速的攻防转换始终贯穿着从地面到空中的立体角逐。尤其在两个罚球区附近的控球权争夺更是异常凶猛，扣人心弦。

2. 参与的广泛性

日常的足球活动不受时间、人数、器材等限制，只要有一块场地和一个足球即可进行健身活动。场地大小可以根据参与活动的人数而定，球门可用砖、衣物等替代，活动方式灵活，参与人群不限，各年龄段、各阶层喜爱足球运动的人均可参与，地域不限，一年四季均可开展。

3. 超强的观赏性

高水平的足球比赛中，球员的技艺、精巧的战术、恢宏的场面都极具观赏性，战局跌宕起伏、变化莫测，胜负让人难以预料。每逢世界杯比赛期间，上至国家元首，下到普通百姓，无一不被精彩的赛事所吸引。

4. 风格的多元性

多元化的足球风格，包含着丰富的文化内涵，如英格兰球风粗犷、凶狠，巴西、阿根廷球员个人技术出众，西班牙、葡萄牙精湛的团队配合，法国的浪漫主义足球，德国、俄罗斯的高空轰炸，意大利经典的防守反击等。足球运动多元化风格的形成正是本民族文化、地域、身体条件、心理、主观追求等因素的综合作用。

5. 诱人的效应性

足球作为"世界第一运动"，拥有巨大的消费群体，解决了部分社会就业问题。足球运动的开展极大地促进了体育建筑行业、运动装备行业及第三产业的迅速发展。在经济全球化的进程中，足球运动也逐渐进入全球化时代，足球运动的巨大消费额增加了国家税收，也促进了国家的外汇储备。

6. 极大的包容性

足球运动不像奥运赛场上那样特色鲜明，不同的人种擅长不同的运动项目，足球运动具有包容性，不同的肤色、不同的身高差距，不同的体重差距、不同的年龄差距都可以出现在同一赛场上并占据一席之地。无论何时何地，足球总能让人忘记烦恼，无论环境多恶劣，球员都能保持着对足球的初心。

（二）足球运动的健身功能

1. 提高身体素质

足球运动是一项全身性、综合性的集体运动项目，通过各种形式的有球和无球活动，能有效增强人的体能。在发育阶段的青少年接触到足球运动更易增强体魄，提高身体免疫力，也更容易长高，而且足球运动需要极强且快速的奔跑能力、对身体重心良好的控制能力、灵活多变的步伐、充沛的耐力和柔韧性。经常参加足球运动，能够促进新陈代谢，使身体状况得到改善，能够保证身体各系统正常运转，促进身体健康。

2. 锻炼人的意志

激烈对抗的足球比赛，场上攻守转换频繁，局面变幻莫测，对人的感知觉、观察力、记忆力、想象力、思维能力和创造力都有较高的要求，所以足球运动会使人拥有敏捷的思维和良好的判断力。足球运动除了要有良好的体能和精湛的技术，更要有驾驭比赛的能力，长期参加足球运动，人的意志品质和竞争意识会得以磨炼，可以培养积极向上、勇于拼搏、不怕困难、吃苦耐劳的良好品质。

3. 缓解心理压力

经常参加足球运动对心理健康有着积极的作用。足球运动可以帮助人们缓解心理压力、宣泄情绪，让人们有更好的心情面对纷繁的事物。现代人具有追求成功、尝试冒险、依靠努力和奋斗赢得胜利、超越现状的心理倾向，由于足球运动的特点正迎合了人们的这种心理倾向，从而使人们对其产生浓厚的兴趣。关心和参与这项运动，使人们远离工作中的烦恼和焦虑，从而建立起积极的人生观和世界观。

4. 提高社会适应能力

人的一生是一个不断社会化的过程，经常参加足球运动能增加人与人接触和交往的机会，帮助人们更好地融入社会环境，增强社会适应能力。足球运动的特点决定了它运动场地大、参与人数多、战术复杂，这就要求每一个参与者承担好自己的角色，与队友相互配合、相互支持、相互理解、统一行动，在比赛中遵守规则、尊重裁判、尊重对手、尊重队友。表现出良好的体育道德风尚，才能体现出公平竞争的奥林匹克精神。现代社会竞争日趋激烈，努力培养竞争意识与合作能力才能更好地适应社会。

二、足球运动基本知识

（一）了解球员位置

足球队员通常包括守门员、后卫、前卫、前锋。

守门员：是全队的最后一道屏障，负责把守大门。守门员必须有能力指挥后卫的站位和防守。移动快速、判断精准是守门员的必备素质。

后卫：是专职防守的球员（进攻时参与助攻，但要求回防迅速），负责整条后防线。通常后卫要求具有比较快的反应速度和头球技术。后卫有中卫和边卫之分。

前卫：是承上启下的队员。前卫必须能组织起有效的进攻和防守，并具有开阔的视野。通常前卫是队中技术最好的球员，且要求有很好的身体素质。

前锋：是攻城拔寨的球员。由于大多数时间前锋的任务是进攻，因此，前锋需要有很强的冲刺能力、跑位意识和射门技术（包括头顶球技术），但有时也要求参与对方定位球的防守。

（二）提高球性练习

练习颠球是增强球感、熟悉球性的有效方法。

双脚脚背颠球：脚向前上方摆动，用脚背击球。击球时，踝关节固定，击球的下部。两脚可交替击球，也可一只脚支撑，另一只脚连续击球。击球时用力要均匀，将球始终控制在身体周围。脚背颠球是最简单、最重要的颠球练习之一。

双脚内侧、外侧颠球：抬腿屈膝，用脚的内侧或外侧向上摆动，击球的下部，两脚内侧或外侧交替击球。

大腿颠球：抬腿屈膝，用大腿的中前部位向上击球的下部，两腿可交替颠球，也可一只脚支撑，用另一侧的大腿连续颠球。

头部颠球：两脚开立，膝盖微屈，用前额部位连续顶球的下部。顶球时，两眼注视球，两臂自然张开，以维持身体平衡。

各部位连续颠球：根据上述单一颠球技术动作要领，各部位配合连续颠球，配合的部位越多，难度越大。

（三）装备建议

①参加足球运动，要穿着运动衣裤和运动鞋，同时要考虑到季节变化的因素。

②为避免或减少运动损伤的发生，踢足球时（特别是参加比赛时）要准备好护腿板和必要的保护装备，曾有受伤经历者更要戴护具加以保护。

③守门员要戴好手套，以保护手指和指甲。

④参加足球比赛时，上衣和短裤必须统一款式、颜色一致，并禁止佩戴可能造成伤害的物品。

三、足球运动基本技术

（一）踢球

踢球是足球基本技术中最主要的技术之一。按脚与球接触部位的不同，可分为脚内侧踢球、脚背正面踢球、脚背内侧踢球、脚背外侧踢球，还有足尖踢球、脚跟踢球等。不管是哪种踢球，都由助跑、支撑脚的位置、踢球腿的摆动、脚与球接触的部位、踢球后维持身体的平衡 5 个技术环节组成。脚与球的接触部位是决定踢球质量的关键因素。

1. 脚内侧踢球

动作要领：踢球时，支撑脚踏在球的侧后方 15 cm 左右，膝部微屈，踢球脚稍向后提起，膝关节外转，脚尖稍翘起，前摆时小腿加速，脚掌与地面平行，脚腕用力，用脚内侧（踝骨下面，跟骨前面）的部位踢球的后中部（图 2-1-1）。

图 2-1-1　脚内侧踢球

2. 脚背正面踢球

动作要领：正面助跑，最后一步稍大并要积极着地，支撑脚踏在右侧 10～15 cm 处，脚尖对准出球方向。踢球腿后摆时放松，前摆时，大腿带动小腿，当膝盖摆正至接近球的正上方的一刹那，小腿加速前摆，脚面绷直，脚趾扣紧，用脚背正面击球的后中部，踢球腿提膝随球前摆（图 2-1-2）。

图 2-1-2　脚背正面踢球

3. 脚背内侧踢球

动作要领：踢定位球时，斜线助跑，约成 45°，支撑脚踏在球的侧后方，身体稍向支撑脚一侧倾斜，踢球脚的脚尖稍外转，以脚背内侧踢球的后中部（要求出高球时，击球向下部），踢球的腿随球继续前摆（图 2-1-3）。

图 2-1-3　脚背内侧踢球

4. 脚背外侧踢球

动作要领：踢定位球时，正面直线助跑，最后一步稍大，支撑脚积极而迅速地以脚跟着地，踏在球的侧后方 10～15 cm 处，膝关节微屈，脚尖正对出球方向。摆动腿以髋关节为轴，带动小腿屈膝积极向前摆动，当膝盖摆到接近球的垂直上方时，小腿加速前摆，同时脚尖内转，脚面绷直，脚趾扣紧，脚尖指向斜下方，用脚背外侧击球的后中部。踢球后，踢球腿随球向前继续摆动，两臂配合踢球动作协调摆动（图2-1-4）。

图2-1-4　脚背外侧踢球

（二）接球

接球是将运动状态的球控制住的一个过程。一个完整的接球动作应包括判断选位、支撑、触球动作、接球后跟进4个技术环节。良好的接控球能力能为球队创造更多的进攻机会，也是保证进攻战术顺畅的重要因素。

1.脚内侧接球

脚内侧接球的特点是接球平稳，脚接触球面积大，可靠性强，动作灵活多变，用途广泛，可以用来接地滚球、反弹球和空中球。

动作要领：停地滚球时，支撑脚正对来球，膝关节微屈，接球腿屈膝外转并前迎，脚尖稍翘起，当脚与球接触前的一刹那开始后撤，在后撤过程中用脚内侧接触球，缓冲来球力量，把球控制在衔接下一动作所需要的位置上（图2-1-5）。

图2-1-5　脚内侧接球

停反弹球时，支撑脚踏在球的落点的侧前方，膝关节弯曲，上体稍向前倾并向接球方向微转，同时接球腿提起，踝关节放松，用脚内侧对准来球的反弹路线，当球落地反弹刚离开地面时，用脚内侧推球的中上部。

停空中球时，根据来球的高度，将接球脚抬起前迎，脚内侧对准来球路线，在脚与球接触前的一刹那开始后撤。在后撤过程中用脚内侧触球，缓冲来球力量，把球控制在所需要的范围内。

2. 脚底接球

脚底接球的特点是脚底接触球面积大，易将球停稳。比赛中多用于停正面来的地滚球和反弹球。

动作要领：停地滚球时，支撑脚站在球的侧后方，膝关节微屈。接球脚提起，膝关节自然弯曲，脚尖翘起高过脚跟（脚跟离地面稍低于球高），踝关节放松，用前脚掌触球的中上部。

停反弹球时，支撑脚踏在球落点的侧后方。在球着地的一刹那，用前脚掌对准球的反弹路线，触球的后上部。

3. 脚背正面接球

动作要领：接球前，身体面对来球，支撑腿微屈维持身体平衡，接球腿屈膝抬起，小腿前伸主动迎球，用脚背正面接触球的底部，在脚背触球前的一刹那，小腿下撤以缓冲来球力量，同时膝关节和踝关节放松，将球停在体前适当的位置（图2-1-6）。

图2-1-6　脚背正面接球

4. 胸部接球

胸部接球的特点是触球面积大、有弹性、位置高，适于停高球和平直球。胸部接球有挺胸接球和收胸接球两种方法。

动作要领：面对来球，两脚开立，两臂自然张开，下颌内收。接球时，蹬地挺胸，上体后仰，将球向前上方弹起并落于体前。如果来球比较低平，则收腹含胸，将球向下挡压。

5. 大腿接球

大腿接球的特点是接触球的部位面积大，且肌肉有弹性，动作简便易做，适用于接有一定弧度的落降高球。

动作要领：接球时，身体面对来球，用大腿正面迎接球。触球刹那，大腿后引，将来球的冲力缓解掉，控制好来球。

（三）运球

运球是指队员有目的地用脚的各个部位连续推拨球，使球处于自己控制范围内的触球动作，它是个人控制球的能力和个人进攻能力的体现，也是集体战术实力的基础之一。常见的运球方法有脚背外侧运球、脚背内侧运球和脚背正面运球等。

1. 脚背外侧运球

动作要领：运球时，支撑脚保持在球的侧后方，运球脚抬起时，脚跟提起，足尖稍内转，再迈步前伸落地，用脚背外侧推拨球。向前跑动时，身体自然放松，上体稍前倾，两臂自然摆动。

2. 脚背内侧运球

动作要领：运球时，支撑脚向前跨，踏在球的侧前方，膝关节稍弯曲，上体前倾向里转，随着身体向前移动，运球脚提起，在落地之前，用脚内侧推球的后中部。

3. 脚背正面运球

动作要领：与脚背外侧运球的动作要领基本相同。自然跑动，步幅稍小，上体稍前倾，两臂协调摆动，运球腿屈膝提起前摆，脚背绷紧，脚跟提起，脚趾下指，用脚背正面推拨球后自然落步（图 2-1-7）。

图 2-1-7　脚背正面运球

（四）头顶球

头顶球在比赛中是争夺空中球的有效手段，在进攻和防守时都有重要作用，在加快进攻速度和完成战术配合中也有着重要的意义。头顶球技术按顶球部位可分为前额正面顶球和前额侧面顶球。

1. 前额正面顶球

动作要领：原地顶球时正对来球，两腿自然开立，上体后仰，当球运行到头前上方时，蹬地收腹，颈部绷直，用前额顶球的后中部，顶球后要有随前动作（图 2-1-8）。

图 2-1-8　前额正面顶球

跳起顶球时，要选好起跳位置，掌握好起跳时机，起跳脚积极蹬跳发力，手臂协调向上提摆，以加强起跳力量。

2. 前额侧面顶球

动作要领：原地顶球时身体稍侧对来球，两脚开立同肩宽。触球侧支撑腿在前，身体侧后微屈，重心落在后腿上，两臂自然张开，眼睛注视来球。顶球时，后脚向出球方向猛力蹬伸，身体随之向出球方向转动侧摆，同时颈部侧甩发力，用前额侧部将球击出。

跳起顶球动作类似前额正面的跳顶，在起跳上升阶段上体应向出球的相反方向回旋转体。当重心升至最高点时，上体向出球侧加速转动，摆体侧甩，可利用脚的侧下蹬加快侧摆速度，用前额侧部将球顶出。

（五）抢截球

抢截球是防守技术的综合体现，是指防守队员有目的地运用身体的某一部位，把对手控制的球或对方运、传、射的球抢下截住或破坏掉的技术动作。抢截球技术包括正面抢截、侧面抢截和侧后铲球等。

1. 正面抢截

这是一种从正面抢截球的技术动作。当进攻者运球直奔防守者而来时，防守者可以利用正面跨步堵截或正面铲球将球抢得或破坏掉。

2. 侧面抢截

这是一种在与对手并肩跑动时所使用的抢球动作。当防守者与控球者保持大致相等距离时，防守者可利用合理冲撞将球抢得或破坏掉。

3. 侧后铲球

侧后铲球多是在对手突破情境下进行的回追反抢，由于位置上的劣势，需靠抢前动作争取主动，通常采用倒地铲球的方法。

（六）掷界外球

在足球比赛中，球被踢出边线，必须由对方在球出界的地方用双手掷界外球入场，才算重新恢复比赛。掷界外球质量的好坏及选点的准确与否，直接影响着进攻的效果。尤其是在对方罚球区附近的界外球，其影响绝不亚于一次角球或任意球所造成的威胁。掷界外球包括原地掷界外球和助跑掷界外球。

掷界外球时，身体面对出球方向，两脚前后或左右开立，上体背弓持球置于头后，利用蹬地、收腹、摆体、挥臂、屈腕，迅速有力地将球向目标掷去。

（七）守门员技术

守门员是全队的最后一道防线，主要任务是不让球进入本方球门，同时还要起到协调指挥全队防守和进攻的作用。守门员技术包括选择位置、准备姿势、接球、扑球等。

1. 选择位置

守门员为了守住球门，首先要选择正确合理的位置。对位置的选择应根据对方的射门地点和射门角度来决定。一般情况下，守门员应站在两球门柱与射门时球所处位置而形成的分角线上。

2. 准备姿势

两脚左右开立，约与肩同宽，两膝自然弯曲并稍内扣，脚跟稍提起，身体重心落在前脚掌上，上体稍前倾，两臂于体前自然屈肘，手指自然张开，掌心向下，眼睛注视来球。

3. 接球

①接地滚球。接地滚球有直腿式接球和单腿跪撑式接球两种。

直腿式接球：两腿自然并立，脚尖正对来球，上体前屈，两臂并肘前迎，两手小指靠近，手掌对准来球。在手触球的一刹那，随球后引并屈肘、屈腕，两臂靠近将球抱于胸前。

单腿跪撑式接球：身体正对来球，两腿左右开立，一腿弯曲支撑身体重心，另一腿内转跪撑，膝盖接近地面并靠近前脚脚踵，上体前屈，手臂下垂，两手小指相对，手掌对准来球，稍向前迎，在手触球的一刹那，随球后引并屈肘、屈腕，两臂靠近将球抱于胸前，然后起立。

②接高球。当确定接球点后，迅速移动并跳起，两臂上伸迎球，两手拇指呈"八"字微屈，手掌对准来球。在手触球时，手腕和手指适当用力将球接住，顺势屈肘、回缩下引，并转腕将球抱于胸前。

4. 扑球

倒地扑侧面的低球。例如，扑接左侧低球时，左腿屈膝向左跨出一步，身体向左侧倾倒。右脚着地后，小腿、大腿、臀部、上体和手臂的外侧依次着地。同时两臂向球伸出，左手掌心正对来球，右手在左手前上方，两手腕稍向内屈。触球后把球收回胸前，然后站起。

四、足球运动基本战术

足球战术是指在足球比赛中，为了战胜对方，根据主客观情况所采取的个人行动和集体配合的方法。战术的运用是以体能为前提、以技术为基础、以心智成熟为保证的。

（一）进攻战术

1. 个人进攻战术

个人进攻战术是指在比赛中为了战胜对手而采取的符合整体进攻目的的个人行动。个人进攻战术是构成局部和整体进攻战术的环节。个人进攻战术行动水平的高低直接影响着局部和整体进攻战术的质量。个人进攻战术包括传球、射门、运球突破和摆脱跑位等。

2. 局部进攻战术

局部进攻战术是指场地范围不大、参与人数不多的攻防配合行动，它是两名或两名以上队员的战术配合行动，它可以丰富和完善全队的进攻战术，是整体攻防战术的基础。局部进攻战术基本配合形式有传切配合、交叉掩护配合和二过一配合。

①传切配合：指控球队员将球传给切入的进攻队员的配合方法，是局部进攻战术中运用最多的方法。传切配合的形式有局部传切和转移长传切入。

②交叉掩护配合：指在局部地区两名进攻队员在运球交叉换位时，以自己的身体掩护同伴越过防守队员的配合方法。

③二过一配合。斜传直插二过一：如图 2-1-9 所示，①斜传给②，然后①向右前方直插，接②的回传球，△为防守运动员。

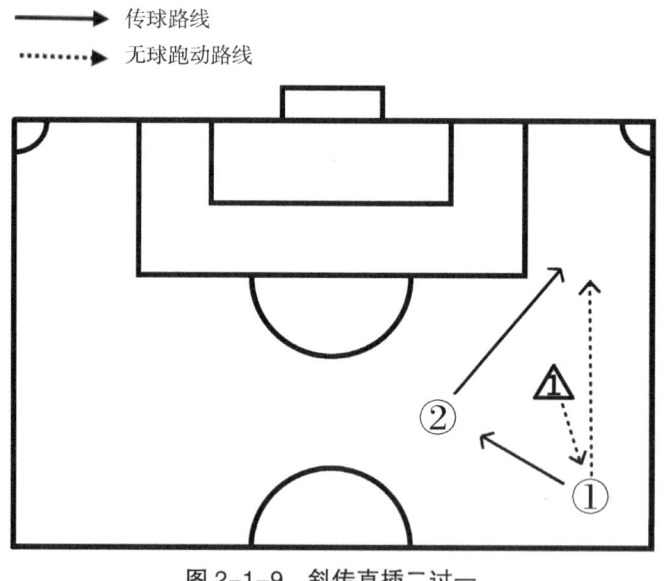

图 2-1-9　斜传直插二过一

直传斜插二过一：在对方基本站好位置的情况下采用的渗透性传球。如图 2-1-10 所示，④斜传给③，然后④斜插接③的回传球，△为防守运动员。

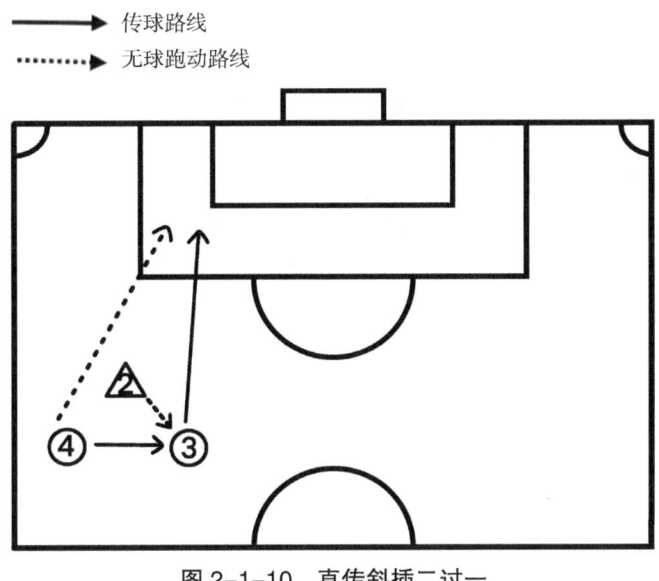

图 2-1-10　直传斜插二过一

踢墙式二过一：这是两名进攻队员通过两次传球越过一名防守队员的方法。如图 2-1-11 所示，⑤传球给⑥，⑥直接出球，球好像碰在墙上反弹，⑤快速切入，⑤接⑥的回传球，形成进攻机会，△为防守运动员。

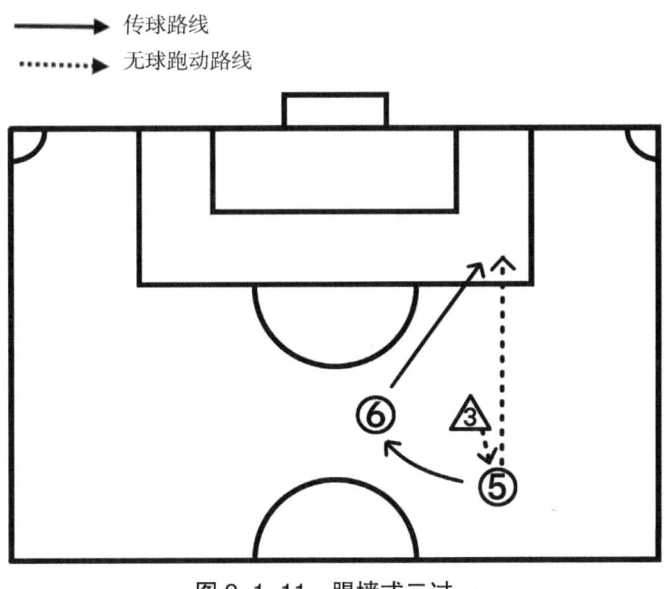

图 2-1-11　踢墙式二过一

3. 整体进攻战术

①交叉到边上的中锋，直接插上的前卫、边后卫，运用人带球突破或传球配合，达到突破对方防线传中（外围传中、下底传中、切底迂回传中）的目的，由中锋的另一侧包抄射门。

②中路进攻。中路进攻能直接威胁球门，但中间防守队员密集，不易突破。因此，可以通过中锋、内切的边锋或插上的前卫之间的配合或个人运球过人等方法突破对方防线。

③转移进攻。当一侧进攻受阻，另一侧进攻有利时要及时快速转移进攻方向。此方法多是采用有效而准确的中长距离传球来实现的，以拉开对方的一边防守，达到声东击西的进攻目的。

④快速反击。在防御中积极拼抢，一旦得球，乘对方立足未稳时，快速传球，以多打少，达到射门得分取胜的目的。

（二）防守战术

1. 个人防守战术

个人防守战术是局部防守和集体防守的基础，包括堵（迎面堵、贴身堵）、抢（迎面抢、侧面抢、侧后铲）、断等技术。选位与盯人也是重要的个人防守战术。

2. 集体防守战术

集体防守战术有全攻全守的全场防守、半场防守、紧逼防守、区域防守，也有盯人结合区域防守、密集防守等。无论采用哪种战术，都要考虑到本队的特长，更要针对对方的进攻战术，采用有效的防守战术，阻止对方的进攻。

3. 造越位战术

后场队员默契配合，使进攻队员在拿球时即处于越位状态。

（三）定位球战术

定位球战术是指比赛成死球时所采用的攻守战术，包括踢球门球、中圈开球、界外球、角球、任意球、点球时的配合方法。定位球在比赛中的地位极为重要，它已成为决定比赛胜负的重要组成部分，尤其在势均力敌的比赛中，关键性的进球常常是定位球。

（四）比赛阵型

比赛阵型是指比赛场上队员的基本位置排列，是本队攻守力量搭配和分工的形式。根据队员的职责和排列的层次分为后卫线、前卫线和前锋线。阵型的人数排列次序分别是后卫人数、中场人数、前锋人数，守门员的人数、职责固定，一般不予计算。

1. "4-3-3"阵型

该阵型是4名后卫，3名中场，3名前锋（图2-1-12）。主要特点是增加了中场人数，有利于攻防力量的组织，攻防的机动性更大，进攻的突然性、隐蔽性更强。

此阵型是一种攻守相对平衡的阵型，前、中、后3个区域的人员比较平衡。但对于中场3名前卫的能力要求甚高，是球队为了加强边路进攻而常常采用的阵型。中场前卫和中后卫防守压力较大，2名边前锋进攻优势明显，但是防守时回撤距离长，折返距离长，对体力消耗较大，这个阵型成功的关键是以攻代守，掩盖防守短板。

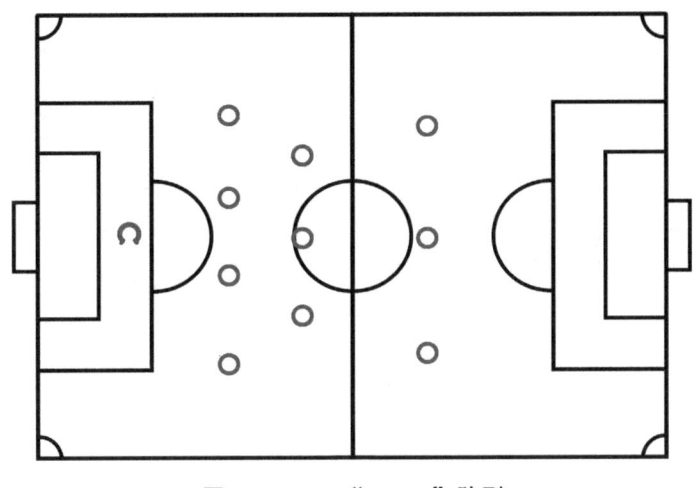

图 2-1-12 "4-3-3" 阵型

2."4-4-2"阵型

该阵型4名后卫，4名中场，2名前锋，使中、后场的防守更加牢固，攻防更为灵活、机动，二、三线插上进攻和快速反击更为锐利（图2-1-13）。

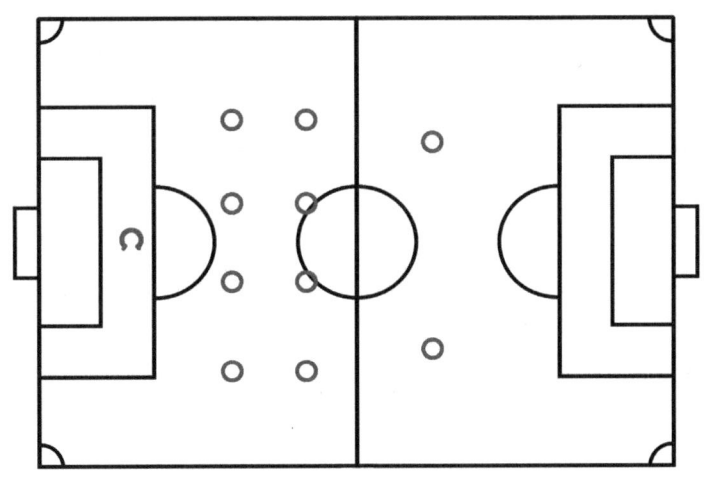

图 2-1-13 "4-4-2" 阵型

3."3-5-2"阵型

该阵型3名后卫，5名中场，2名前锋（图2-1-14）。主要特点是，放重兵于中场，有利于赢得中场攻防的主动，攻防转换快捷、机动，能较好地保持攻防的动态平衡，对中场队员要求较高，要攻守兼备。

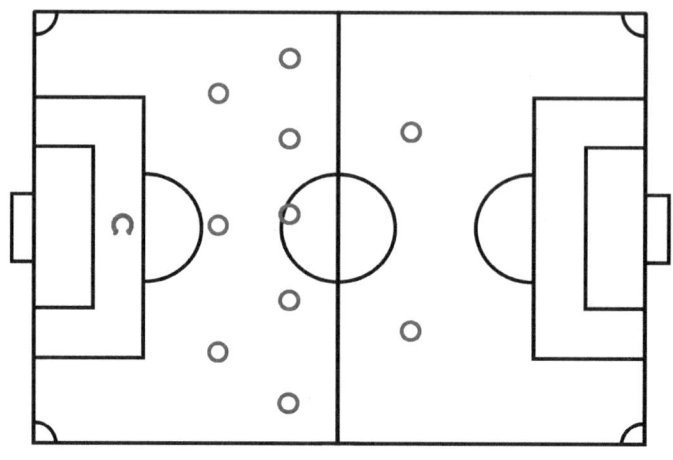

图 2-1-14 "3-5-2" 阵型

"3-5-2" 阵型的特点在于中场人数多，力量强，这对于控制中场和场上比赛有很大帮助。球队一般采用压迫式打法在中前场就对对手进行逼抢，进攻时边前卫的助攻是球队的一大手段。这种阵型安排对球员技术、战术和体能上的要求很高。

除 "4-4-2" 阵型以防守为主、反击为辅外，其他阵型均以进攻为主，尤以 "3-5-2" 阵型更为突出。

比赛阵型在比赛中不是一成不变的，它只是队员在场上活动的大体安排，可根据临场情况不断变化，场上每个队员都应在明确基本位置和职责的前提下，进行创造性的活动。

五、足球运动的比赛规则和欣赏

（一）场地

比赛场地应为长方形，其长度不得多于 120 m 或少于 90 m，宽度不得多于 90 m 或少于 45 m。国际比赛的场地长度不得多于 110 m 或少于 100 m，宽度不得多于 75 m 或少于 64 m。在任何情况下，长度必须超过宽度。

（二）比赛通则

比赛时，每队上场人数不得多于 11 人，其中 1 人为守门员。每场比赛时间为 90 分钟，分上、下两个半场，每个半场 45 分钟，中场休息不得超过 15 分钟。射门时，球的整体从两根门柱间及横梁下越过球门线外沿的垂直面，即为胜一球。

1. 越位

当进攻球员踢或触及球的一瞬间，同队接球球员在对方半场内所站的位置是在球的前面，并且他与对方球门线之间对方球员不足两名（只有一名对方球员或没有），如果接球球员企图从该位置获利或者有干扰比赛及对方的行为，进攻的球员便处于越位位置。

判罚越位犯规必须具备以下4个条件：
①进攻队员处在对方半场；
②进攻队员处在球的前面；
③在进攻队员与对方球门线之间，对方队员不足两人；
④接同伴的球或干扰比赛，获得利益。

队员遇下列情况，不属于越位犯规：
①直接接球门球；
②直接接界外球；
③直接接角球。

2. 直接任意球（可以直接射入对方球门得分的球）

以下情形判直接任意球：
①踢或企图踢对方队员；
②绊摔或企图绊摔对方队员；
③跳向对方队员；
④冲撞对方队员；
⑤打或企图打对方队员；
⑥推对方队员；
⑦在抢截对方队员控制的球时，于触球前触及对方队员；
⑧拉扯对方队员；
⑨向对方队员吐唾沫；
⑩故意手球。

3. 间接任意球（球在进对方球门之前必须触及除主罚队员外的其他任一队员才有效）

以下情形判间接任意球。
①守门员违例：持球超过6秒仍未发出球，二次触球，用手接回传球（头球回传球除外），用手触及队员直接掷入的界外球；
②危险动作；
③阻挡对方队员；
④阻挡对方守门员发球；
⑤连踢犯规（角球、开球、点球、球门球、任意球、掷界外球时的连踢）；
⑥擅自进、退场；
⑦越位犯规。

4. 黄牌警告

以下情形判黄牌警告：
①犯有非体育道德行为；
②以语言或行动表示异议；

③持续违反规则;
④延误比赛重新开始;
⑤当以角球或任意球重新开始比赛时,不退出规定距离;
⑥未得到裁判员许可,进入或重新进入比赛场地;
⑦未得到裁判员许可,故意离开比赛场地。

5. 红牌罚下

以下情形判红牌罚下:
①严重犯规;
②暴力行为;
③向对方或其他任何人吐唾沫;
④故意手球,以破坏对方进球或明显的进球得分机会;
⑤用犯规破坏对方明显的进球机会;
⑥使用无礼、侮辱性或辱骂性的语言及动作;
⑦在同一场比赛中被第二次黄牌警告。

6. 罚球

①球员在己方罚球区内触犯直接任意球的 10 条规则,由对方在罚球点判罚;
②罚球区的位置在球门前宽 16.50 m,长 40.32 m 的长方形范围内。

7. 界外球

①整个球体在空中或地面全部越出边线时应判界外球。在越出边线地点,由最后触球球员的对方掷球入场,重新开始比赛。
②掷界外球的球员必须面向球场,两脚均应有一部分站在边线上,不得全部离地,并用双手掷球。
③掷界外球直接进入对方球门时,不得分。

8. 球门球

①直接进入对方球门,算得分;
②球由攻方球员触及,整个球体在空中或地面全部越出球门线时,判为球门球;
③由守方球员在球门区内任何一点踢球门球。

9. 角球

①直接进入对方球门,算得分;
②球由守方球员触及,整个球体在空中或地面全部越出球门线时,判为角球。

(三)如何欣赏高水平足球比赛

1. 赏足球运动中的民族文化

现代足球植根于民族文化的土壤中,形成了不同风格的足球文化。在绿茵场上,可以从球队的不同风格来透视不同民族的性格,乃至民族文化的特色。例如,巴西队众星云集、梦幻般组合的"桑巴"艺术足球,德国队整体风格强悍的"战车"式足球,阿根廷队务实和谨慎的"探戈"足球,葡萄牙、西班牙队脚法细腻的技术足球,荷兰队潮涨潮落般荡气回肠的攻势足球，英格兰队长传冲吊的欧洲力量型足球，韩国队顽强刚毅、百折不挠的"太极虎"式足球等。

2. 风格美

观赏足球比赛虽说是一种休闲娱乐活动，但也需观赏者有正确的态度，文明、理智的举止和了解基本的足球规则，如果一味放纵自己的情绪，会在观赏比赛中出现不冷静行为和过激言语等有悖于体育道德的行为，无助于良好社会风气的形成。这也是对自身文化、教育和审美修养的考验。

3. 艺术性

足球舞台上从不乏熠熠生辉的球星，他们为观众、为世界足坛增添了光彩，奉献了无数精彩的表演，深得球迷的喜爱。如贝克汉姆的传球脚法和百步穿杨的任意球绝技，齐达内、菲戈舞蹈般的盘带技巧，罗纳尔多在禁区内捕捉战机、攻城拔寨的精彩进球，舍甫琴科气壮山河的凌空怒射，卡恩稳如泰山的架势和大将风度等，他们为全世界的观众奉献了美妙、富有想象的艺术足球，也使得更多人关注、参与到足球运动中来。

4. 体验足球赛场上的壮观氛围

足球是吸引观众最多的运动之一，比赛场面精彩纷呈，可以称得上是一种声音艺术。球场上队员间的吆喝声、教练员的呼叫声、裁判员的哨声响彻绿茵场，看台上的观众呐喊欢呼与之构成了一首充满激情的交响乐。观众则为之陶醉，热血沸腾。

六、评价内容和标准

结合足球运动的学习目标和要求，可以依据表2-1-1对学生足球运动能力进行综合评价。

表2-1-1 足球运动能力评价

评价方面	评价内容	评价方法	评价标准
运动能力	5×25 m折返跑	在起（终）跑线及5 m、10 m、15 m、20 m和25 m处各设置一个标志物。须按规定依次用手碰触各折返点标志物，并完成所有折返距离跑回起（终）跑线	男生 优秀：36.0″～36.4″ 良好：36.6″～36.8″ 及格：37.0″～37.6″ 女生 优秀：38.0″～38.4″ 良好：38.6″～38.8″ 及格：39.0″～39.6″
	颠球	连续颠球	优秀：20～32次 良好：13～19次 及格：8～12次

续表

评价方面	评价内容	评价方法	评价标准
运动能力	脚内侧传接球	相距 5 m（女生 4 m），运用脚内侧传接球，计算 1 分钟传球次数	优秀：50～60 次 良好：40～49 次 不及格：40 次以下
	运球射门	从起点至罚球区线的距离为 20 m，起点距第一根标志杆 5 m，第二根标志杆距第一根标志杆 1 m，第三根标志杆和第二根标志杆间隔 3 m，共 8 根，以此类推，最后一根标志杆距离罚球区线的距离为 2 m	男生 优秀：12.2″～12.6″ 良好：12.8″～13.0″ 及格：13.2″～13.8″ 女生 优秀：14.2″～14.6″ 良好：14.8″～15.0″ 及格：15.2″～15.8″

第二节　篮球

> **学习目标**
>
> ①了解篮球运动的发展概况，掌握篮球运动的特点和价值。
> ②了解篮球的相关技战术特点和比赛的规则。
> ③培养学生团队协作、勇于挑战的体育精神。

一、篮球运动概况

篮球运动既是一项集体运动，又是一项综合性运动。现代篮球运动深受世界各国人民的喜爱，已成为世界上单项体育人口最多的运动项目之一。国际奥林匹克运动会篮球比赛、篮球世界杯和美国 NBA 职业联赛三大赛事被誉为世界最高层次的篮球竞赛，它汇集了世界最强的篮球队伍和最著名的篮球明星，成为现代国际体育竞赛中引人注目的全球性赛事。现代篮球运动以其健身、教育、娱乐、社交和经济等价值，在学校教育和人类的社会生活中发挥着积极的作用。篮球是一门多学科交叉的综合学科。

（一）篮球运动的起源

19 世纪 90 年代初，美国进步主义教育运动的曙光初现。进步主义教育是 19 世纪末在美国出现的教育革新运动，它提倡"以儿童为中心"。这个教育革新运动的重要内容之一是非常重视学生的身体健康，主张学校应有充分的活动空间、良好的照明、清洁且通风的校舍、大量易于利用的户外操场，以保证学生的学习和身体锻炼。

1891 年，美国马萨诸塞州斯普林菲尔德市基督教青年会干部训练学校的体育教师詹姆斯·奈史密斯（James Naismith）鉴于当地冬季气候寒冷、不宜在室外活动的情况，受"石头上的鸭子"游戏的启发，在综合美式橄榄球、长柄曲棍球、英式橄榄球及足球等球类项目的方法与原则的基础上发明了篮球运动。这便是现代篮球运动的源头。

最初的篮球游戏是在体育馆两边距地面 3.05 m 的墙上各钉一个筐子，两队（无严格人数限制，但须人数相等）运用运球、传球、防守、投篮等技术把球投入篮筐，以投中次数的多少决定胜负。最初的篮球规则只有 13 条。

篮球游戏得到了学生们的喜爱并迅速传遍美国，继而传到欧洲、亚洲、澳洲和非洲，成为世界性体育运动项目。

（二）中国篮球运动的现状

近年来，我国竞技篮球的整体实力出现滑坡，国家篮球队的技战术水平不尽如人意。我国男篮在 2012 年伦敦奥运会决赛中为最后一名，女篮在世界大赛中的成绩也不理想。伊朗等亚洲国家的崛起，使我国男女篮球在亚洲的优势地位受到严重挑战。2015 年，在亚洲女篮锦标赛决赛中，我国女篮以大比分负于日本队，失去了直接进军 2016 年第 31 届奥运会篮球比赛的资格。2015 年 10 月，在最后一届亚洲男篮锦标赛中，中国男篮经过艰苦奋斗重登冠军宝座，直接进军第 31 届奥运会篮球决赛。但是，由于澳大利亚和新西兰并入亚洲区，亚洲杯比赛的情况将更加复杂，澳大利亚、伊朗、韩国、日本、菲律宾对中国的挑战将更加严峻。

中国竞技篮球水平大幅下滑是内外因素共同作用的结果。外部因素是：社会主义市场经济体制不完善，应试教育的影响，以及学校体育教学中竞技因素的缺失。内部因素是：体育管理体制的改革阻力重重，原有的篮球训练体制和训练网络遭到重创，篮球后备人才基础薄弱；篮球训练的指导思想得不到有效落实；CBA 运作过程中本土与外援关系的处理欠妥当，本土队员缺乏锻炼和担当；国家队教练员的任（聘）用"轻内重外"，没有根据我国篮球的风格和特点认真谨慎地选择适合的教练；对我国篮球发展战略研究不够深入等。

解决这一问题的根本方法在于坚持改革开放，深化教育和体育改革，尤其是解决应试教育这一顽疾，为发展学校体育解开束缚、拓展空间。改革体育管理体制，充分发挥社会力量和社会组织的作用，打好社会体育的基础。改革训练体制，把竞技篮球后备人才培养的基础转移到学校，解决好普及与提高的关系。加快篮球的社会化、职业化、产业化进程，调整外援队员与本土队员的关系，处理好教练员外聘与内聘的关系，把提高中国运动员和教练员的水平作为长远目标。加强篮球理论研究，制定切实可行、科学、可操作性强、可持续发展的篮球发展战略。在我国篮球界的共同努力下，提高我国竞技篮球的运动水平，向世界篮球运动高水平冲击的目标可望实现。

二、篮球运动基本技术

（一）移动技术

移动是篮球运动中队员为了改变位置、方向、速度和争取高度、空间所采用的各种脚步动作方法的总称。

移动技术是篮球运动的基础技术，没有移动技术，其他技术和战术几乎就无法进行。移动技术的优劣在一定程度上反映了一名篮球运动员的技术水平。移动技术的核心是对身体重心的控制和对身体平衡的维持。

移动中，对身体重心的控制和转移是很重要的。快速有力的腿部蹬跨能力和维持身体平衡的能力，是掌握移动技术的根本方法。这两种能力，决定着移动技术动作的快度、多变程度（图 2-2-1）。

图 2-2-1　进攻准备姿势

（二）传接球技术

传接球是指在篮球比赛中进攻队员之间有目的地支配球、转移球的方法。

1. 传球技术的动作结构

持球方法：是指手持握球的方法，分双手持球和单手持球两种。

①双手持球方法：两手手指自然分开，拇指相对呈"八"字形，用指根以上部位持球的两侧后下方，掌心空出，两臂屈肘，自然下垂，置球于胸腹之间。

②单手持球方法：手指自然分开，用手掌外沿和指根以上部位托球，掌心空出。

传球用力方法：通常近距离传球主要靠手指、手腕和手臂用力将球传出；远距离传球要靠下肢蹬地、跨步、腰腹综合用力及上、下肢协调配合而产生的合力，最后通过手臂、手腕和手指的力量将球传出。

动作要领：传球时，要求持球手法正确，全身协调发力，用食指、中指拨球。

2.传球技术的动作方法

双手胸前传球是篮球比赛中最基本、最常用的一种传球方法,具有传球快速有力、准确性高、容易控制、便于与其他动作相结合的优点。

动作方法:双手持球于胸腹之间,两肘自然弯曲于体侧,身体呈基本站立姿势,眼平视目标。传球时,后脚蹬地发力,身体重心前移,两臂前伸,两手腕随之旋内,拇指用力下压,食指、中指用力拨球将球传出。球出手后,两手略向外翻(图2-2-2、图2-2-3)。

图2-2-2 双手胸前传球(1)

图2-2-3 双手胸前传球(2)

动作要领:持球动作正确、用力、协调连贯,食指、中指拨球。

3.接球技术的动作方法

接球是篮球运动的主要技术之一,是获得球的动作,是抢篮板球和断球的基础。在激烈的对抗比赛中,能否采用正确的动作牢稳地接球,对于减少传球失误、弥补传球不足及截获对方的球等都是非常重要的。

动作方法:两眼注视来球,两臂迎球伸出,双手手指自然张开,两拇指呈"八"字形,其他手指向前上方伸出,两手成一个半圆形。当手指触球时,双手将球握住,两臂顺势屈肘后引以缓冲来球的力量,两手持球于胸腹之间,成基本站立姿势。

动作要领:伸臂迎球,在手接触球时收臂后引缓冲,握球于胸腹之间,动作连贯。

(三)投篮技术

投篮是进攻队员将球投入对方球篮而采用的各种专门动作方法的总称。投篮是篮球比赛中得分的唯一手段,是一切技术、战术运用的最终目的和全部攻守矛盾的焦点,是整个篮球技术体系的核心。随着现代篮球运动的发展及运动员身体形态、运动能力和技术水平的提高,投篮技术也在不断发展,呈现出投篮难度增加、投篮技术复杂多变、投篮速度快、出手点高、远距离三分球投篮的次数增多且命中率提高等特点。

1.原地单手肩上投篮

原地单手肩上投篮是其他各种投篮方法的基础,具有出手点高、便于结合其他技术动作和不易被防守的特点,是应用较广泛的投篮方法。

动作方法:以右手投篮为例。右脚在前,左脚稍后,两膝微屈,重心落在两前脚掌。右手五指自然分开,翻腕持球的后部稍下部位,左手扶在球的侧上方,举球于同侧头或肩的前上方,目视球筐,大臂与肩关节平行,大、小臂约成90°,肘关节内收。投篮时,下肢蹬地发力,身体随之向前上方伸展,同时抬肘向投篮方向伸臂,手腕前屈,手指拨球,将球柔和地从食指、中指指端投出。球离手时,手臂要随球自然跟送,脚跟提起(图2-2-4)。

图 2-2-4　原地单手肩上投篮

动作要领:上下肢协调用力,抬肘伸臂充分,手腕前屈,手指柔和地拨球将球投出,中指、食指控制方向。

2.原地双手胸前投篮

原地双手胸前投篮易于保持投篮前持球的稳定性,充分发挥全身的力量,也便于和传球、突破相结合,但由于投篮时持球和出手部位较低,容易被防守方干扰。

动作方法:双手持球于胸前,肘关节自然下垂,两脚左右或前后开立,两膝微屈,重心落在两脚之间,目视瞄准点。投篮时,两脚蹬地,上肢随着脚蹬地向前上方伸展,两手腕同时外翻,拇指下压,手腕前屈,食指、中指用力拨球,使球通过拇指、食指、中指指端投出。球出手后,两手自然向下、向外翻,脚跟提起,身体随投篮出手方向自然伸展。

动作要领:自然屈肘下垂,投篮时两臂用力均衡,前臂内旋,手指用力拨球与下肢动作要协调一致。

3.行进间单手肩上低手投篮

行进间单手肩上低手投篮是在快速跑动中超越对手后在篮下时最常用的一种快速投篮方法，具有伸展距离远、动作速度快、出手平稳的优点，多在快攻和突破后使用。

动作方法：以右手投篮为例。右脚跨出一大步的同时接球，接着左脚跨一小步并用力蹬地起跳，右腿屈膝上抬，身体重心前移，双手向前上方举球。当身体接近最高点时，左手离球，右手外旋，掌心向上托球，并充分向球篮上方伸展，接着屈腕，食指、中指用力拨球，通过指端将球投出（图2-2-5）。

图2-2-5　行进间单手肩上低手投篮

动作要领：腾空时，身体向前上方充分伸展，投篮出手前保持单手低手托球的稳定性，指腕上挑动作要协调。

（四）运球技术

运球技术是持球队员在原地或移动中用单手连续按拍球推进的一种动作技术。它不仅是个人摆脱防守，创造传球、突破、投篮得分的重要进攻手段，也是进攻队员发动快攻、组织全队战术配合的纽带。

随着现代篮球技术的不断发展，运球的技巧有了很大的提高。其特点是身体重心低、侧身掩护球隐蔽性大、手臂控球范围大、手腕手指翻转时球停留在手中的时间稍长。运球方式变化多，使运球技术更具有保护性、突发性和攻击性。

运球技术按运动状态可以分为原地运球和行进间运球两大类。按运球的方法又可以分为高运球、低运球、运球急停急起、行进间体前变向运球、背后运球、运球转身等。

1.原地高运球

高运球是进攻队员在没有防守干扰的情况下，为了加快向前场推进的速度，并在进攻中调整进攻速度和攻击位置时常采用的一种运球方法。其特点是按拍球的力量大、反弹高度高、便于控制、行进速度快（图2-2-6）。

图 2-2-6　原地高运球

动作方法：运球时，两腿微屈，上体稍前倾，双目平视，以肘关节为轴，前臂自然屈起，用手腕、手指柔和而有力地按拍球的后上方。球的落点控制在运球手臂的同侧脚的外侧前方，球的反弹高度在腰与胸之间。

动作要领：手按拍球的部位要合理，手脚配合协调。

2. 原地低运球

进攻队员在对手紧逼或抢阻时，常采用低运球以保护球或摆脱防守。

动作方法：两腿应迅速弯曲，重心下降，上体前倾，球的落点在体侧，用上体和腿保护球。同时，用手腕和手指短促地按拍球的后上方，使球控制在膝关节的高度，两腿用力后蹬，继续快速前进。行进间低运球拍球的部位在球的后上方或后侧方（图 2-2-7）。

图 2-2-7　原地低运球

动作要领：重心降低，上体前倾，按拍球短促有力。

三、篮球运动攻守战术基础配合

攻守战术基础配合是指两三人之间有目的、有组织的攻守配合方法，它是全队攻守战术的基础。在教学和训练中，只有熟练掌握和灵活运用攻守战术基础配合，才能更好地发挥个人技术特长，使全队的整体战术内容更加丰富，提高整体战术运用的质量与水平，最大限度地制约对方。

（一）进攻战术基础配合

进攻战术基础配合是指在篮球竞赛中，进攻队员两三人之间所组成的简单配合方法。它是全队整体进攻战术的基础。

传切配合。传切配合是指队员之间利用传球和切入技术所组成的简单配合，包括一传一切和空切两种配合方法。传切配合是一种最基本的简单易行的进攻方法，一般在对方采用扩大盯人防守战术或区域联防时运用。

传切配合方法有以下几种。

1. 一传一切配合

一传一切配合是指持球队员传球后，利用起动速度或假动作摆脱防守，向篮下切入，接回传球投篮的配合。

如图 2-2-8 所示，①传球给②，①向左侧做切入假动作，同时观察❶的移动情况，然后突然从右侧切入，侧身面向球接②的传球并投篮。

2. 空切配合

空切配合是指无球队员掌握时机摆脱对手，切向防守空隙区域接球投篮或做其他进攻配合。

如图 2-2-9 所示，③传球给①时，③利用❸未及时调整位置的机会，突然横切或沿底线切向篮下接①的传球并投篮。

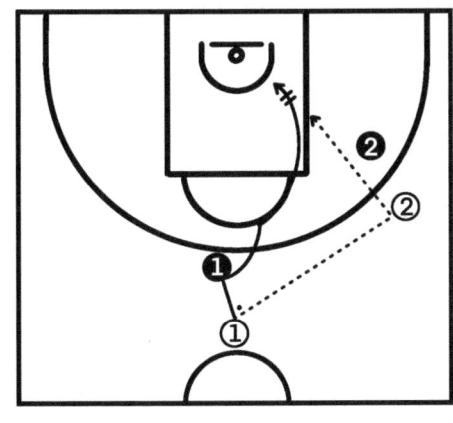

图 2-2-8 一传一切配合

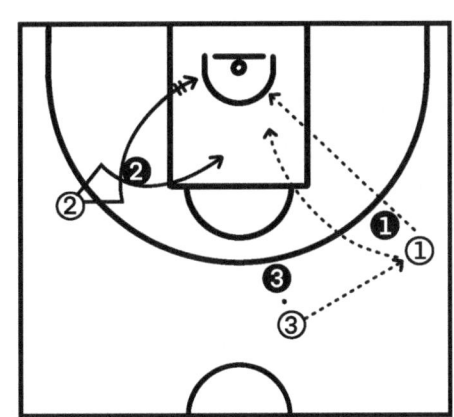

图 2-2-9 空切配合

传切配合的基本要求有以下3点。

①必须有一定的配合空间及合理的切入路线。

②切入队员抓住防守队员选位不及时或注意力分散的空隙，快速启动或利用假动作摆脱对手。

③传球队员动作要隐蔽、及时准确。

3.突分配合

突分配合是指持球队员突破对手后，遇到对方补防或协防时，及时将球传给进攻位置最佳的同伴进行攻击的一种配合方法。

当对方采用人盯人防守或区域联防时运用突分配合，可打乱对方的整体防守部署，压缩防区，给同伴创造最佳的外围投篮或篮下进攻机会。

（1）突分配合的方法

练习一：如图2-2-10所示，④接球从左侧底线突破❹后遇到❺补防时，及时传球给横切的⑤投篮。

练习二：如图2-2-11所示，④持球纵向突破❹，当❺补防时，④及时传球给⑤投篮。

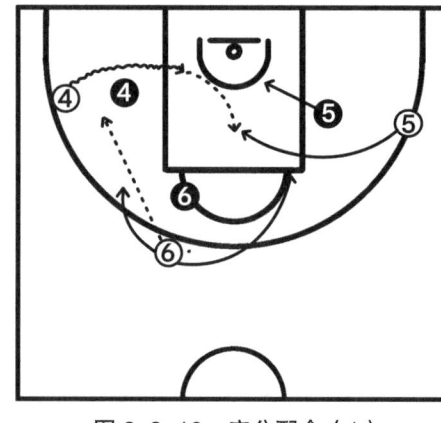
图2-2-10　突分配合（1）

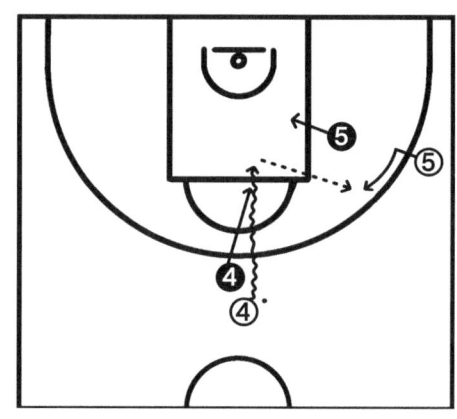
图2-2-11　突分配合（2）

（2）突分配合的基本要求

队员在突破中动作要快速、突然，在突破中或突破后准备投篮的同时，注意观察攻守队员的位置变化，及时、准确地将球传给进攻位置更好的同伴。

当持球队员突破后，其他的进攻队员都要摆脱对手离开原先的位置，切向空隙区域，准备接球进攻或抢篮板球。

（二）防守战术基础配合

防守战术基础配合是指在篮球竞赛中，防守队员两三人之间所采用的协同防守配合的方法，包括挤过、穿过、绕过、交换、关门、补防、夹击及围守中锋等配合。防守战术基础配合是全队整体防守战术配合的基础。

1. 挤过配合

挤过配合是指当对方进行掩护时，防守队员在掩护队员接近自己的一刹那，迅速抢前横跨一步贴近自己的对手，并从两个进攻队员之间侧身挤过去，继续防守自己对手的配合方法。

当对方距离球篮较近，外围队员想利用掩护投篮或由于身高的差别而不宜交换防守的情况下，运用主动性很强的挤过配合可以破坏对方的掩护配合。

2. 穿过配合

穿过配合是指当对方进行掩护时，防守掩护者的队员及时提醒同伴，并主动后撤一步，让同伴及时从自己和掩护队员之间穿过去，继续防守自己对手的配合方法。

当对方掩护发生在弱侧区域，如距离球篮较远、无投篮威胁、不宜换防的情况下，运用穿过配合可有效地破坏对方的掩护配合。

四、篮球运动的比赛规则和欣赏

（一）篮球比赛主要规则

1. 篮球比赛的定义

每场篮球比赛由两个队参加，每队出场 5 名队员。每队的目标是在对方球篮得分，并阻止对方得分。

2. 比赛的胜者

比赛时间结束时，得分较多的队将是比赛的胜者。

3. 比赛场地

比赛场地应是一块平坦且无障碍物的硬质地面。从界线的内沿丈量，其尺寸长 28 m、宽 15 m。所有的线应用白色画出，宽 5 cm 并清晰可见（图 2-2-12）。

4. 比赛时间

比赛应由 4 节组成，每节 10 分钟。每一决胜期为 5 分钟。节与节之间均有 2 分钟的比赛休息时间，两个半场之间的比赛休息时间应是 15 分钟。

5. 交替拥有

交替拥有是以掷球入界而不是以跳球来使球成活球的一种方法。

6. 球中篮和它的得分值

当活球从上方进入球篮并停留在球篮内或穿过球篮时，是球中篮。

球进入对方的球篮，如是一次罚球得 1 分，如是从 2 分投篮区投篮得 2 分，如是从 3 分投篮区投篮得 3 分。如果队员"意外"地将球投入本方球篮，中篮得 2 分，此得分登记在对方场上队长名下；如果队员"故意"地将球投入本方球篮，这是违例，中篮不计得分；如果队员使球整体从下方穿过球篮，这是违例。

7. 暂停

每队可准予在上半场（第 1 节和第 2 节）2 次暂停，在下半场（第 3 节和第 4 节）3 次暂停。但在第 4 节的最后 2 分钟内，最多可 2 次暂停。每一决胜期 1 次暂停，每次暂停时间为 1 分钟。

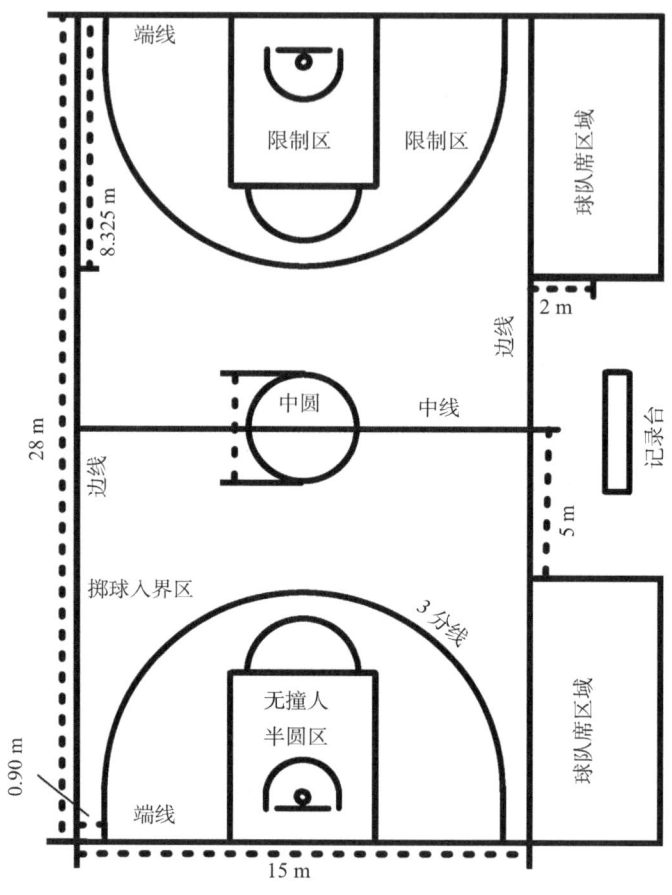

图 2-2-12　比赛场地的全部尺寸

8. 队员个人犯规

如果一名队员发生侵人犯规和技术犯规累计已达 5 次，裁判员应通知该队员，要求其必须在 30 秒内被替换。

9. 全队犯规

在某一节比赛中，如果某队全队队员犯规累计已达 4 次，则该队将处于全队犯规处罚状态。所有随后发生的对攻方未做投篮动作队员的一般性质的侵人犯规（除违反体育道德的犯规、技术犯规、取消比赛资格犯规和控制球队队员犯规等外），都应判给攻方被侵犯队员 2 次罚球，从而替代了攻方的掷球入界权利。

10. 常见违例

违例是违反规则的行为。罚则是将球判给对方队员在最靠近发生违例的地点掷球入界，正好在篮板后面的地点除外。

（1）队员出界、球出界和使球出界的队员

当队员身体的任何部分接触界线上方、界线上或界线外的除队员以外的地面或任何物体时，即是队员出界。

当球触及了界外的队员或任何其他人员时、界线上方、界线上或界线外的地面或任何物体时、篮板支撑架、篮板背面或比赛场地上方的任何物体时，是球出界。

在球出界及球触及了除队员以外的其他物体而出界之前，最后触及球或被球触及的队员是使球出界的队员。如果球出界是由于触及了界线上或界线外的队员或被他所触及，是该队员使球出界。

（2）两次运球

在场上已获得控制活球的队员将球在地面上掷、拍、滚、运，并在球触及另一名队员之前再次触及球，为运球开始；当队员双手同时触及球或允许球在一手或双手中停留时运球结束。队员第一次运球结束后不得再次运球，如再次运球则是两次运球。除非在两次运球之间，由于下述原因其在场上已失去了控制活球：①投篮；②球被对方队员触及；③传球或漏接，然后触及了另一队员或被另一队员触及。

（3）带球走

当队员在场上持着一个活球，其一脚或双脚超出规则所述的限制，向任一方向非法移动时，是带球走。判断带球走的关键是确定持球队员的中枢脚。中枢脚确立方法及行进时的规定如下。

对在场上接住活球的队员中枢脚的确立方法如下。

双脚站在地面上时：一脚抬起的瞬间，另一脚即成为中枢脚。

移动时：

①如果一脚正触及地面，该脚成为中枢脚。

②如果双脚离地，该队员双脚同时落地，一脚抬起的瞬间，则另一脚成为中枢脚。

③如果双脚离地，该队员一脚落地，该脚即成为中枢脚；如果队员跳起那只脚并双脚同时落地停止，那么，哪只脚都不是中枢脚。

对在场上控制了活球并已确立中枢脚的队员带球行进时的规定如下。

双脚站在地面上时：

①开始运球时，在球离手之前中枢脚不得抬起。

②传球或投篮时，队员可跳起中枢脚，但在球出手之前任一脚不得落回地面。

移动时：

①传球或投篮时，队员可跳起中枢脚并一脚或双脚同时落地。但一脚或双脚抬起后在球出手之前任一脚不得落回地面。

②开始运球时，在球离手之前中枢脚不得抬起。

停止时哪只脚都不是中枢脚时：

①开始运球时，在球离手之前哪只脚都不得抬起。

②传球或投篮时，一脚或双脚可抬起，但在球出手之前不得落回地面。

当队员跌倒、躺或坐在地面上时的规定：

①当一名队员持球跌倒并在地面上滑行，或躺在地面上，或坐在地面上时获得控制球，这是合法的。

②如果之后该队员持着球滚动或试图站起来是违例。

（4）3秒钟违例

当某队在前场控制活球并且比赛计时钟正在运行时，该队的队员不得停留在对方的限制区内超过持续的3秒钟，否则为违例。

（5）被严密防守的队员违例

一名队员在场上正持着活球，这时对方队员采用积极的、合法的防守姿势，距离不超过1 m，该队员视为被严密防守。一名被严密防守的队员必须在5秒钟内传球、投球或运球，否则为违例。

（6）8秒钟违例

当一名在后场的队员获得控制活球时；在掷球入界中，球触及后场的任何队员或者被后场的任何队员合法触及，掷球入界队员所在队仍拥有在后场的球权时，该队必须在8秒钟内使球进入其前场，否则为违例。

（7）24秒钟违例

当一名队员在场上获得控制活球时；在掷球入界中，球接触场上的任何队员或者被场上的任何队员合法触及，并且掷球入界队员的球队仍然控制球时，该队必须在24秒钟内尝试投篮。在进攻计时钟的信号发出前，球必须离开队员的手，而且球离开了队员的手后，必须触及篮圈或进入球篮，否则为违例。

（8）球回后场违例

在前场控制活球的队，不得使球非法地回到它的后场，否则为违例。宣判球回后场违例必须符合以下3个条件：

①该队在前场已控制球。

②该队队员在前场最后触及球。

③球回后场后，该队队员最先触及球。

（9）掷球入界违例

当发生下列情况时，为掷球入界队员违例：

①超过5秒钟球才离手。

②球在手中时，步入比赛场地内。

③掷球入界的球离手后，使球触及界外。

④在球触及另一队员前，在场上触及球。

⑤直接使球进入球篮。

⑥在球离手前，从界外指定的掷球入界地点，在一个或两个方向上横向移动总距离超过1 m。然而，只要情况许可，掷球入界的队员从界线后退多远都可以。

当发生下列情况时，为除掷球入界队员外的其他队员违例：

①在球被掷过界线前，身体的任何部位越过界线。

②当掷球入界地点的界线外任何障碍物和界线之间少于2 m时，靠近执行掷球入界队员在1 m之内。

（10）脚踢球和拳击球违例

队员不能故意踢或用腿的任何部分阻挡球或用拳击球，否则是违例。然而，球意外地接触到腿的任何部分，或腿的任何部分意外地触及球，不是违例。

（11）罚球违例

当发生下列情况时，为罚球队员违例：

①可处理球后，球离手的时间超过 5 秒。

②球进入篮或触及篮圈前，该队员触及罚球线或进入限制区。

③球未触及篮圈也未进入球篮。

④做罚球的假动作。

当发生下列情况时，为在分位区站位的队员违例：

①占据无权占据的分位区。

②在球离开罚球队员的手前，进入限制区、中立区域或离开他的分位区。

③用他的行为扰乱罚球队员。

在球进入篮或触及篮圈前，未在分位区内的其他队员不得越过就近的罚球线延长线和 3 分投篮线，否则为违例。

11. 常见犯规

含有与对方队员的非法身体接触和／或违反体育道德的举止行为是犯规。罚则用来登记每一次犯规并进行相应的处罚。

（1）侵人犯规

无论在活球还是死球的情况下，攻守双方队员发生的非法身体接触的犯规都是侵人犯规。

队员不应通过伸展手、臂、肘、肩、腿、膝、脚或将身体弯曲成"不正常的姿势"去拉、阻挡、推、撞、绊对方队员，或阻止对方队员行进，也不得有任何粗野或猛烈的动作。

当防守控制（正持球或运球）球的队员时，时间和距离的因素不适用；但当防守不控制球的队员时，时间和距离的因素应适用。

罚则：均应登记犯规队员一次侵人犯规。

如果未做投篮动作的队员发生犯规，则有以下两种情况。①如果犯规的队此时未处于全队犯规处罚状态（本节全队累计犯规次数少于或等于 4 次），则由非犯规的队在最靠近违犯的地点掷球入界重新开始比赛。②如果犯规的队此时已处于全队犯规处罚状态（本节全队累计犯规次数已超过 4 次），则由被侵犯的队员执行 2 次罚球后重新开始比赛，从而代替掷球入界。但控制球队犯规、技术犯规、违反体育道德的犯规和取消比赛资格的犯规除外。

如果正在做投篮动作的队员发生犯规，应按下列所述判给投篮队员若干罚球：①如果投篮成功，应计得分并追加 1 次罚球。②如果投篮不成功，则应根据投篮队员的投篮区域，判给相应的 2 次或 3 次罚球。

（2）双方犯规

双方犯规是两名互为对方的队员大约同时相互发生侵人犯规的情况。

罚则：应给每一犯规队员登记一次侵人犯规，不判给罚球。

（3）技术犯规

没有身体接触的犯规是技术犯规。队员和球队席人员均可能发生技术犯规。

主要行为表现有以下几个方面：
①无视裁判员的警告。
②无礼地触碰裁判员、技术代表、记录台人员或球队席人员。
③在与裁判员、技术代表、记录台人员或对方队员交流时没有礼貌。
④使用很可能冒犯或煽动观众的粗话或手势。
⑤戏弄对方队员或在他的眼睛附近摇手妨碍其视觉。
⑥过分挥肘。
⑦在球穿过球篮之后故意触及球或阻碍对方迅速地掷球入界以延误比赛。
⑧跌倒以"伪造"一次犯规。
⑨悬吊在篮圈上，致使队员的重量由篮圈支撑。除非扣篮后，队员瞬间抓住篮圈，或者根据裁判员的判断，他正试图防止自己或另一名队员受伤。
⑩在最后一次或仅有一次的罚球中防守队员干涉得分。
罚则：
①队员技术犯规。登记该队员一次技术犯规，并计入全队犯规次数中。
②球队席人员技术犯规。登记该队教练员一次技术犯规，但不计入全队犯规次数中。
③判给由对方教练员指定的队员1次罚球，随后在记录台对侧的中线延长线掷球入界，或在中圈跳球开始比赛。

（4）违反体育道德的犯规

根据裁判员的判断，一名队员不是在规则的精神和意图的范围内合法地试图去直接抢球而发生身体接触的犯规是违反体育道德的犯规。

主要行为有以下几种：
①在努力抢球中，一名队员造成过分的、严重的身体接触。
②防守队员试图阻止一次快攻，从对方队员身后或侧面造成身体接触，并且在进攻队员和对方球篮之间没有防守队员。
③在第4节和每一决胜期的最后2分钟，当掷球入界的球在界外并且仍在裁判员手中，或掷球入界队员可处理时，防守队员对进攻队员造成身体接触。
罚则：
①应给犯规队员登记一次违反体育道德的犯规。
②应判给被侵犯的队员相应的罚球，随后在记录台对侧的中线延长线掷球入界，或在中圈跳球开始比赛。
③当1名队员在同一场比赛中被宣判了2次违反体育道德的犯规时，应被取消比赛资格。

（5）取消比赛资格的犯规

队员或球队席人员的任何恶劣的违反体育道德的行为是取消比赛资格的犯规。
罚则：
①登记犯规队员一次取消比赛资格的犯规，并令其在比赛期间回到该队的休息室或离开比赛场地。
②判给对方相应的罚球次数及随后在记录台对侧的中线延长线掷球入界，或在中圈跳球

开始比赛。

(二) 重要篮球赛事介绍

1. 奥运会篮球赛

奥运会是世界体坛最高级别的综合赛事。在1936年第11届奥运会上，男子篮球被列为正式竞赛项目，从此篮球运动登上了奥运会的竞技舞台。1976年，女子篮球被列为奥运会正式比赛项目。我国第一次参加奥运会篮球赛（男子），是1936年8月在德国柏林举行的第11届奥运会。

2. 篮球世界杯

世界篮球锦标赛（简称"世锦赛"）是国际篮球联合会主办的重要的世界性比赛之一，每4年举行一次。首届男子世锦赛于1950年在阿根廷举行，首届女子世锦赛于1953年在智利举行。我国男子篮球队最早参加的世锦赛是于1978年10月在菲律宾马尼拉举行的第8届世界男子篮球锦标赛。我国女子篮球队首次参加的世锦赛是于1983年7月在巴西举行的第9届世界女子篮球锦标赛，并取得了第3名的成绩。2012年1月28日，国际篮联正式宣布，每隔4年举行的世界男、女篮球锦标赛更名为篮球世界杯，首届男篮世界杯于2014年在西班牙举行。

3. 美国NBA

"NBA"是美国职业篮球联赛（National Basketball Association）的缩写，成立于1946年6月6日。NBA是全世界公认的最高水平的篮球联赛，无论是竞技水平还是市场运作，都居世界单项体育联盟之首。

4. 中国职业篮球联赛

"CBA"是中国篮球协会（Chinese Basketball Association）的缩写，由其主办的中国男子职业篮球联赛是我国最高水平和最大规模的篮球赛事。1995年，中国篮球协会正式推出了男子篮球职业联赛。

目前，CBA联赛无论是在规模、社会影响上，还是在竞赛水平、商业开发等方面，都较以往有了很大提高，已经成为国内最重要的体育赛事之一。CBA男子篮球职业联赛中涌现出了许多的优秀球员，如姚明、王治郅、巴特尔、易建联、孙悦等，他们都先后冲出亚洲走进NBA。此外，一大批年轻球员也在CBA中不断崛起，他们具有良好的身体条件和训练基础，成为我国篮球未来的希望。

近几年，CBA还引进了许多优秀的外籍球员，外籍球员在比赛中以出众的身体素质、娴熟的球技和强烈的表演欲望赢得了观众的喜爱，为CBA整体水平的提高和中国篮球事业的发展起到了很大的促进作用。

5. 中国大学生篮球联赛

"CUBA"是中国大学生篮球联赛（Chinese University Basketball Association）的缩写。该联赛是一个面向高校、社会，以培养高素质、高水平篮球人才为目标，采取社会化、产业化运作模式的大学生专项运动联赛。1996年开始酝酿，1997年建章立制，1998年正式推行，现在该联赛已成为国内篮坛重要赛事之一。CUBA联赛的宗旨是"发展高校篮球，培养篮球人才",坚持"竞技体育不能脱离教育,素质教育不能脱离体育",从学校体育的功能出发,发展并丰富传统的篮球人才观,提出了篮球人才应当包括"5种人才",即高水平的运动员、教练员、裁判员、从事与篮球相关工作的人员和广大球迷。十几年来,CUBA联赛推动了大学篮球运动的发展,带动了中学篮球活动的开展。

CUBA联赛在提升学校知名度、促进校际体育文化交流、推动校园文化建设和素质教育实施等方面发挥了积极作用,比赛的规模、影响力、队伍质量、竞技水平和运作水平持续提高。从1998年创立至今,CUBA联赛在全国高校产生了广泛、深入、持久的影响,在社会上树立起了积极、健康、向上的形象,竞赛体系日趋完善,竞技水平稳步提高,社会影响力迅速扩大,优秀人才崭露头角,品牌建设和市场营销初见成效,被誉为中国篮球的"希望工程"。

2015年,国家体育总局篮球运动管理中心正式启动面对CUBA联赛的选秀工作,为CBA、WCBA选拔优秀队员。

五、评价内容和标准

结合篮球运动的学习目标和要求,可以从以下5项内容对学生篮球运动能力进行综合评价。

(一)体能:4×10 m折返跑

学生站立式起跑,听到发令后从第一边线外起跑,当跑到第二边线前面时,用一只手拿起一个木块随即往回跑。当跑到第一边线前时交换木块,再跑回第二边线交换另一个木块,最后持木块冲出第一边线,记录跑完全程的时间(表2-2-1)。

表2-2-1　4×10 m折返跑评价标准

男生		女生	
优秀	9″6～10″0	优秀	10″6～11″0
良好	10″1～11″6	良好	11″1～12″6
及格	11″7～13″4	及格	12″7～14″4

(二)原地投篮

男生在罚球线位置,女生在罚球线前1 m的位置,进行动作评价(表2-2-2)。

表 2-2-2 原地投篮评价标准

动作完成情况	等级	得分
动作正确、连贯、协调，用力精确，起跳有力	优	9.0～10.0
动作正确，比较连贯、协调，用力较精确	良	8.0～8.9
动作基本正确，不够连贯，不够协调	中	6.0～7.9
动作不正确，协调性差	差	<6.0

（三）运球绕杆

学生在起点线后站立，听到出发口令后，按照图中箭头所示方向单手运球依次过杆，每次过杆时需换手（图2-2-13），评价标准如表2-2-3所示。

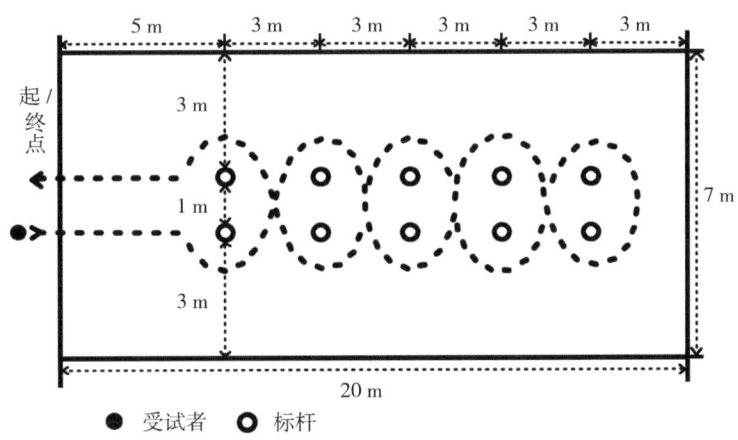

图 2-2-13 运球绕杆

表 2-2-3 运球绕杆评价标准

男生		女生	
优秀	8″8～12″2	优秀	11″4～14″2
良好	12″3～15″2	良好	14″3～20″0
及格	15″3～20″2	及格	20″1～26″0

（四）行进间单手肩上低手投篮

由球场右侧边线与中线交叉点持球开始，面向球篮运球并做行进间单手肩上低手投篮

（表 2-2-4）。

表 2-2-4　行进间单手肩上低手投篮评价标准

动作完成情况	等级	得分
动作正确、连贯、协调，用力精确，起跳有力	优	9.0～10.0
动作正确，比较连贯、协调，用力较精确	良	8.0～8.9
动作基本正确，不够连贯，不够协调	中	6.0～7.9
动作不正确，协调性差	差	<6.0

（五）半场运球往返投篮

由球场右侧边线与中线交叉点持球开始，面向球篮以右手运球并上篮，听裁判员口令出发。球中篮后，右手将其运至左侧边线与中线交叉点，然后折回换左手运球上篮；球中篮后，左手运球回到原起点时停表。以秒为单位记录测试成绩（表 2-2-5）。

表 2-2-5　半场运球往返投篮评价标准

成绩 / 秒		得分
男生	女生	
29	34	10
30	35	9
31	36	8
32	37	7
33	38	6
35	40	5
37	42	4
39	45	3
41	47	2
43	49	1

第三节　排球

> **学习目标**
> ① 了解排球运动的锻炼价值，培养学生对排球运动的兴趣与爱好。
> ② 比赛中，运用所学的排球的基本技术和简单战术。
> ③ 通过排球活动，提高学生的身体灵活性、反应能力，提升速度、力量、耐力，促进身体的全面发展。
> ④ 在排球运动中，培养学生的自尊、自信，提高学生团结合作、友好互助精神，增强社会适应能力。

一、排球运动概况

排球运动是由两支人数相等的球队，在被球网隔开的两个均等的场区内，根据规则以身体任何部位将球从网上击入对方场区，而不使其在本方场区内落地的集体攻防对抗的体育项目。在我国深受广大群众，特别是青少年喜爱。因场上队员分前后"排"站位，故称作排球。

排球运动不需要太多经费，对场地、设备要求不高，主要规则容易掌握，运动量可大可小，是一项没有身体接触的集体性体育活动，不易造成伤害，具有广泛的群众性。比赛规则规定，场上队员必须不断轮转，这就要求每个队员必须全面掌握攻防各项基本技术。

比赛过程中攻防转换速度快，技巧性也较高，可以锻炼手眼灵活性。经常参加这项运动，不仅能提高中枢神经系统和内脏器官系统的功能，促进身体健康，还能提高身体素质，培养勇猛果断、机智灵活、顽强拼搏的竞争意识。排球运动还可以培养优良的体育道德和团结协作的集体主义精神。

1. 排球运动发展概况

排球运动始于 1895 年，创始人是美国马萨诸塞州霍利约克城的基督教青年会干事威廉·摩根。他在辅导人们进行各种体育锻炼的实践中，认为不同的对象应采用不同的锻炼方法。当时已经流行起来的篮球运动固然很好，但较适合年轻人，对年纪大些的人来说，此运动过于激烈。摩根想要选择一种较为缓和、运动量适当的运动来满足他们的需要。为此，摩根在体育馆中进行了试验。他把球网架在了六英尺六英寸（1.98 m）的高度上，然后让人们用篮球胆隔着网来回拍打。篮球胆轻，改用篮球，篮球又太重，最后制作了与现代排球相近的，外表是皮质的，内装橡皮球胆的球。

亚洲排球运动的发展自成系统，先后经历了 16 人制、12 人制和 9 人制的发展过程，1951 年年初才开展 6 人制排球。排球运动传入欧洲时就已是 6 人制，一直没有改变。因而，第二次世界大战结束后，东欧国家的竞技排球运动已具备较高的水平。1923 年，排球运动传播到非洲的埃及、突尼斯和摩洛哥，自此以后逐渐发展成为普及五大洲、为人们所喜爱的运动项目。

2. 采用6人制排球前的我国排球运动

排球运动是1905年传入我国的，首先在广州、香港的几所中学开展，之后陆续传到上海、北京等地。当时，人们多是聚在一起进行排球活动，比赛并不普遍。受到远东运动会影响，我国排球运动经历了16人制—12人制—9人制—6人制的演变过程。

3. 6人制排球的推广和发展

新中国成立后，排球运动作为重点体育项目加以推广，成为发展较快的项目之一。为了适应国际比赛的需要，20世纪60年代前后，我国各省市根据自己的特点，形成了各自不同风格的技战术打法。

4. 冲出亚洲，走向世界

1976年，重新组建了国家男女排球队。1979年12月，我国男女排球队第一次双双获得了亚洲锦标赛冠军，并取得了参加奥运会的资格。1981年3月，我国男女排球队再次双双获得世界杯亚洲预选赛的冠军。1981年11月，我国女排在日本第三届世界杯赛中七战七捷，首次荣获世界冠军。全国人民欢欣鼓舞，掀起了学习中国女排拼搏精神的热潮，紧接着在1982年的第九届世界女子排球锦标赛中又夺金杯。继而在1984年的洛杉矶奥运会上再显神威，实现了三连冠。此后在1985年的世界杯、1986年的世锦赛中分别夺冠，创造了世界女子排球五连冠的新纪录。女排的胜利，不仅实现了中国排球冲出亚洲、走向世界的愿望，大大振奋了中华民族精神，而且开创了现代排球的新纪元。

二、排球运动基本技术

（一）准备姿势和移动

准备姿势与移动是排球基本技术之一，属于无球技术，是完成发球、垫球、传球、扣球和拦网等各项有球技术的前提和基础，并对各项有球技术的运用起到串联和纽带作用。

1. 准备姿势

为了便于完成各种技术动作而采取的合理的身体姿势称为准备姿势。合理的准备姿势是指既要使身体重心处于相对稳定的状态，又要便于移动和完成各种击球动作，为迅速起动、快速移动及击球创造最好的条件。为完成某项有球技术之前的准备姿势，称为专项技术准备姿势，如拦网、发球、传球等都采用不同的准备姿势。一般来说，按照身体重心的高低，准备姿势可分为半蹲准备姿势、稍蹲准备姿势和低蹲准备姿势3种。

半蹲准备姿势：两脚左右开立稍比肩宽，一脚稍前，两脚尖内收，脚跟稍提起。膝关节保持一定的弯曲，膝关节的投影在脚尖前面。上体前倾，重心靠前。两臂放松自然弯曲，双手置于腹前。全身肌肉适当放松，两眼注视来球，两腿始终保持微动（图2-3-1）。

稍蹲准备姿势：稍蹲准备姿势比半蹲准备姿势重心稍高，动作方法相同（图2-3-2）。

低蹲准备姿势：低蹲准备姿势比半蹲准备姿势的身体重心更低、更靠前，两脚左右、前后的距离更宽一些,膝部弯曲程度更大一些;肩部投影过膝,膝部投影过脚尖,手置于胸腹之间(图 2-3-3)。

图 2-3-1　半蹲准备姿势　　图 2-3-2　稍蹲准备姿势　　图 2-3-3　低蹲准备姿势

2. 移动

从起动到制动的过程为移动。移动的目的主要是及时接近球,保持好人与球的位置关系,以击球。迅速的移动可占据场上的有利位置,争取时间和空间。队员能否及时移动到位,直接影响着技战术的质量。移动是由起动、移动步法和制动 3 个环节所组成。

起动:是移动的开始,在准备姿势的基础上变换重心的位置,破坏平衡,使身体向目标方向移动。根据场上的情况采取不同的准备姿势,有利于随时改变移动方向和迅速移动。以向前起动为例,在准备姿势的基础上,迅速向前抬腿收腹,使上体向前探出,同时后腿迅速用力蹬地,使整个身体急速向前起动。

移动步法:起动后应根据临场技战术的需要,灵活地采用各种移动步法进行移动,包括以下步法。

并步与滑步:如果向前移动,则后腿蹬地,前脚向来球方向跨出一步,后腿迅速跟上做好击球准备。连续并步就是滑步。

跨步与跨跳步:如果向前移动,则后腿用力蹬地,前脚向来球方向跨出一大步,膝部弯曲,上体前倾,身体重心移至前腿(图 2-3-4)。跨步过程中有跳跃腾空即为跨跳步。

图 2-3-4　跨步

交叉步：以向右交叉步为例，上体稍向右转，左脚从右脚前面向右交叉迈出一步，然后右脚再向右跨出一大步，同时身体转向来球方向，保持击球前的姿势（图2-3-5）。

图2-3-5　交叉步

跑步：跑步时两臂要配合摆动，如球在侧方或后方时应边转身边跑。

综合步：以上各种步法的综合运用。

制动：是移动的结束，也是击球动作的开始。

技术要点：在快速移动后，为了保持稳定的击球姿势，必须经过制动以克服身体移动的惯性完成下一个动作。其基本技术要点是制动时，在移动最后跨出一大步，同时降低重心，膝部和脚尖适当内转，全脚掌横向蹬地，以抵住身体重心继续移动的惯性。以腰、腹力量控制上体，使身体重心的垂直线停落在脚的支撑面以内。

3. 准备姿势与移动的运用

稍蹲准备姿势一般用于扣球助跑之前、对方正在组织进攻不需要快速反应起动的时候。半蹲准备姿势多用于接发球、拦网和各种传球。低蹲准备姿势主要用于防守和做各种保护性动作，由于重心低，便于倒地和插入球下以防守低远球。

并步的特点是容易保持平衡，便于做各种击球动作，主要用于传球、垫球和拦网；跨步适用于来球较低、离身体1～2 m垫击时使用；滑步适用于来球较远、使用并步不能接近球时使用；当来球距体侧3 m左右时，可采用交叉步，其特点是步子大、动作快、制动强，主要用于二传、拦网和防守；球距身体更远时，可采用跑步。

一步制动法多在短距离移动之后，前冲力不大时采用；两步制动法多在快速移动之后，前冲力较大时使用。

（二）传球

传球是排球基本技术之一，是利用手指、手腕的弹击动作将球传至一定目标的击球动作。传球技术主要用于二传，为进攻创造条件，在比赛中起着组织进攻的作用。传球技术也经常用来接发球、对方的处理球、吊球和被拦回的高球，所以说传球也是一项防守技术。传球还可用来吊球和处理球，起着进攻的作用。按照传球的方向把传球动作分为正面传球、背传球和侧传球，上述3种传球技术是在原地完成。跳起在空中完成传球动作的，称为跳传。

1. 正面传球

面对出球方向的传球动作，称为正面传球。正面传球是最基本的传球方法，是其他一切传球技术的基础。

动作方法：采用稍蹲准备姿势，抬头看球，双手自然抬起，放松置于脸前。当来球接近额时，开始蹬地、伸膝、伸臂，两手微张经脸前向前上方迎球。击球点在额前上方约一球距离处。当手触球时，两手自然张开成半球形，手腕稍后仰，两拇指相对呈"一"字或"八"字形（图2-3-6），两手间有一定距离，用拇指内侧，食指全部，中指的第二、第三指节触球的后下部，无名指和小指在球两侧辅助控制传球方向。两肘适当分开，两前臂之间约成90°，传球时主要靠蹬地伸臂和手指、手腕力量，以及球的反弹力将球传出（图2-3-7）。

图 2-3-6 "八"字形

图 2-3-7 正面传球

2. 背传球

背对传球目标的传球动作叫背传球。

动作方法：传球前身体背面要对正传球目标，上体保持正直或稍向后仰，身体重心在两脚之间，双手自然抬起，放松置于脸前。迎球时，抬上臂、挺胸、上体后仰。击球点保持在额上方，比正传稍高、稍后。触球时，手腕后仰并适当放松，掌心向上，击球的下部，手形与正面传球相同。背传球用力要靠蹬地、展腹、抬臂、伸肘和手指、手腕的弹力，把球向后上方传出。

3. 侧传球

身体侧对传球目标,并将球向体侧方向传出的传球动作叫侧传球。

动作方法:准备姿势、迎球动作、手形与正面传球相同,击球点应偏向传球目标一侧,上体和手臂应向传球方向伸展,传球方向异侧手臂的动作幅度、用力距离和动作速度要大于同侧手臂。

(三)垫球

垫球是排球基本技术之一。通过手臂或身体其他部位的迎击动作,使来球从垫击面上反弹出去的击球动作,称为垫球。垫球在排球比赛中占有重要的地位,主要用于接发球、接扣球和接拦回球,是组织进攻的基础。接好发球,有利于打好接发球进攻,否则,就会被动失分。接好扣球,有利于组织防守反击。因此,垫球是比赛中多得分、少失分,由被动转为主动的重要技术,是稳定队员情绪、鼓舞队员士气的重要手段。垫球还可在无法运用传球技术进行二传时用来组织进攻或处理球。

垫球按动作方法可分为正面双手垫球、体侧垫球、背垫、挡球、跨步垫球、跪垫、让垫、滚翻垫球、前扑垫球、单手垫球、侧卧垫球、鱼跃垫球、铲球、脚垫球等;按用途可分为接发球、接扣球、接拦回球垫球和接其他球垫球。

1. 正面双手垫球

正面双手垫球是双手在腹前垫击来球的一种垫球方法,是各种垫球技术的基础,适合于接各种发球、扣球和拦回球,也可以用来组织进攻。

正面双手垫球的基本手型有抱拳式、叠掌式和互靠式(图2-3-8)。无论采用哪种手型都应该注意手腕下压,两臂外翻。正面双手垫球按来球力量大小可分为垫轻球、垫中等力量来球和垫重球。

图 2-3-8　正面双手垫球基本手型

垫轻球:采用半蹲准备姿势,当球飞来时,双手成垫球手型,手腕下压,两臂外翻形成一个平面,当球飞到腹前一臂距离时,两臂夹紧前伸,插到球下,向前上方蹬地抬臂,迎击来球,利用腕关节以上10 cm左右处的桡骨内侧平面击球的后下部,身体重心随击球动作前移。击球点保持在腹前一臂距离(图2-3-9)。

垫中等力量来球:动作方法与垫轻球相同,由于来球有一定力量,因此击球动作要小,速度要慢，手臂适当放松。

垫重球：要根据来球的高低和角度，采用半蹲或低蹲准备姿势，击球时采用含胸、收腹的动作帮助手臂随球屈肘后撤，适当放松，以缓冲来球力量。在撤臂缓冲的同时，用微小的小臂和手腕动作控制垫球方向和角度。

图 2-3-9　垫轻球

2. 体侧垫球

体侧垫球简称侧垫，是在身体侧面垫球的一种垫球方法。其特点是控制面宽，但较难把握垫击的方向、弧度和落点。

动作方法：以左侧垫球为例。右脚前脚掌内侧蹬地，左脚向左跨出一步，身体重心随即移至左脚，左膝弯曲，两臂夹紧向左侧伸出，左臂高于右臂，右肩向下倾斜，再用向右转腰和收腹的力量，配合两臂在体侧截击球的后下部（图 2-3-10）。切忌随球摆臂。

图 2-3-10　体侧垫球

3. 背垫

背对出球方向的垫球方法叫背垫。大多用于接应同伴垫飞的球或将球处理过网。其特点是垫击点较高。由于背对垫球方向，不便于观察目标和控制击球的方向与落点。

动作方法：背垫时，首先判断来球的落点、方向和离网的距离，迅速移动到球的落点处，背对出球方向，两臂夹紧伸直、插到球下。击球时，蹬地、抬头挺胸、展腹，直臂向后上方摆动击球。在垫低球时，也可利用屈肘、翘腕动作，以虎口处将球向后上方垫起。

4. 跨步垫球

队员向前或向侧跨出一步的垫球方法称为跨步垫球。适合于来球距身体 1 m 左右，来球较低或速度较快来不及移动时采用。

动作方法：判断来球的落点，及时向前或向侧跨出一大步，屈膝制动，重心落在跨出腿，上体前倾，臀部下降，两臂插入球下垫击球的后下部（图 2-3-11）。

图 2-3-11　跨步垫球

（四）发球

发球是排球基本技术之一，是排球比赛中一项重要的进攻技术，是一号位队员在发球区内抛球后，用一只手将球直接击入对方场区的一种击球方法。它是比赛的开始，也是进攻的开始。发球在排球比赛中占有很重要的地位。准确而有攻击性的发球，不仅可以直接得分或破坏对方的进攻战术，还可以减轻本方防守压力，为本方的防守创造有利的条件。

发球是排球技术中唯一不受他人制约的技术，也是唯一不需要与同伴合作的进攻技术。发球队员可不受制约地观察对方队员站位情况，选用某种发球方法，将球自抛自击过网。所以发球的成败主要取决于个人对发球技术的掌握程度和临场心理状态的稳定程度。

发球队员可选择近、中、远不同位置来发球，也可以站在端线的左、右两角或中央。发球时，抛球的高度和击球的手法均不受限制。因此，发球队员可根据自己的特点和比赛的临场情况，选择发球的位置与方法。

发球有时间和抛球次数的限制，在裁判员鸣哨后 5 秒内，发球队员必须将球发出。若第一次抛球不当，可以在球未触及发球队员的情况下，让球落地后再次抛球（只允许抛第二次），不算犯规，但第二次鸣哨发球的时间限制为 3 秒内，旨在防止故意延误比赛时间。

1. 正面上手发球

正面上手发球是指发球队员面对球网站立，利用转体收腹的动作带动手臂加速挥动，在头的右前上方最高点用全手掌击球过网的一种发球方法。发球时，由于是面对球网，便于观察对方情况，因此发球的准确性较高。加之击球点高，充分利用胸腹和上肢的爆发力击球，发出的球带有上旋，不易出界，故有较大的攻击性。此外，因为发球动作比较简单容易掌握，所以也适合于初学者学习和运用。

准备姿势：面对球网，两脚自然开立，左脚在前，左手托球于体前。

抛球与引臂：左手将球平稳地抛于右肩前上方，同时右臂抬起，屈肘后引，肘部与肩平，上体稍向右侧转动，抬头、挺胸、展腹、手掌自然张开。

挥臂击球：击球时，利用蹬地使上体向左转动，同时收腹，带动手臂向前上方快速挥动。在右肩前上方伸直臂的最高点，用全手掌击球的后中部。手触球时，手掌要张开并与球相吻合，手腕要迅速做转体推压动作，使击出的球呈上旋飞行。全掌击球后，随着身体重心前移，顺势迅速入场（图 2-3-12）。

2. 侧面下手发球

侧面下手发球是指发球队员侧对网站立，以转体带动手臂，由体侧后下方向前挥动，在体前腹部高度击球过网的一种发球方法。这种发球可借助腰部转动的力量来击球，便于用力，适合于女子初学者使用。发球失误少，但攻击力不强。

准备姿势：左肩对网，两脚左右开立，约与肩同宽，两膝微屈，重心落在两脚之间，上体稍前倾，左手持球于腹前。

抛球与引臂：左手将球垂直上抛于身体正前方，离胸前约一臂距离，球离手高度约一个半球。在抛球的同时，右臂摆至右侧后下方。

挥臂击球：利用右脚蹬地向左转体的力量，带动右臂向前上方摆动，在体前腹部高度用全掌、虎口或掌根击球后下方。击球后，身体应转向球网，并顺势进场（图 2-3-13）。

图 2-3-12　正面上手发球

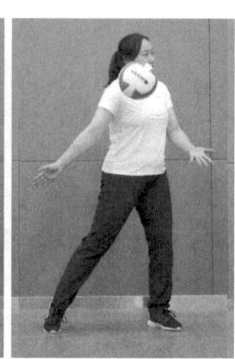

图 2-3-13　侧面下手发球

3. 正面上手发飘球

正面上手发飘球是指采用近似正面上手发球的形式，挥臂击球的力沿直线方向穿过球体重心，使发出的球不旋转而带有不规则飘晃的一种发球方法。这种发球技术适合于发各种不同性能的飘球，由于面对球网站立，便于观察情况和瞄准目标，因此发球的攻击性和准确性较高，目前在各类水平的比赛中运用较为广泛。

准备姿势：正面上手发飘球与正面上手发球基本相似，但左手持球的位置较高，约在胸前高度。站位时离端线的距离变化也较大，可站在靠近端线处发球，也可站在离端线 8 m 左右处发球。

抛球与引臂：左手将球平稳地抛在右肩前上方，球不旋转，高度应稍低于正面上手发球，并略靠前些。在抛球的同时，右臂上举后引，肘部适当弯曲，并高于肩。两眼盯住击球的部位。

挥臂击球：与正面上手发球相同，但击球时手臂的挥动轨迹不呈弧形，而应自后向前做直线运动。五指并拢，手腕稍后仰，用掌根的坚实平面击球的中下部，使作用力穿过球体重心。击球用力要快速，击球面积要小。触球瞬间，手指、手腕紧张，不加推压动作。击球结束，手臂要有突停动作。击球后，迅速入场。

（五）扣球

扣球是排球基本技术之一，是队员跳起在空中，将高于球网上沿的球有力地击入对右区域的一种击球方法。

扣球在比赛中占有重要的地位，是得分的主要手段，是进攻中最积极有效的武器，是一个队摆脱被动、争取主动的途径，是攻击力强弱的表现。扣球技术按照动作方法，一般分为正面扣球、小抡臂扣球、单脚起跳扣球和勾手扣球等；按照扣球的节奏可分为强攻和快攻；按照扣球起跳的区域可分为前排扣球和后排扣球。

正面扣球：右臂向后上方抬并发力，击球时，五指为击球中心，击出的球加速上旋以缓冲下落力量。

正面扣球是最基本的扣球技术。其他扣球技术都是在此基础上发展和派生出来的。面对球网，便于观察来球和对方的防守布局，因此击球准确性较高。由于挥臂动作灵活，能根据对方拦防情况随时改变扣球路线和力量，能控制击球落点，因而进攻效果好。以扣一般高球为例，对动作方法和扣近网球进行相关介绍。

动作方法：扣球助跑前采用稍蹲准备姿势，两臂自然下垂，站在离球网 3 m 左右处，观察判断，做好向各个方向助跑起跳的准备。助跑时（以右手扣球两步助跑为例），左脚先向前迈出一小步，接着右脚迅速跨出一大步，左脚及时并上，踏在右脚之前，两脚稍向内转，准备起跳。在助跑跨出最后一步的同时，两臂绕体侧向后引，左脚在并上踏地制动的过程中，两臂自后积极向前摆动。随着双腿蹬地向上起跳，两臂快速上摆，配合起跳。起跳后，挺胸展腹，上体稍向右转，右臂向后上方抬起，身体成反弓形。挥臂时，以迅速转体、收腹动作发力，依次带动肩、肘、腕各部位以形成鞭打动作向前上方挥动。击球时，五指微张呈勺形并保持紧张，以全手掌包满球，掌心为击球中心，击球的后中部。同时主动用力屈腕向前推压，使扣出的球加速上旋。落地时，前脚掌先着地，同时顺势屈膝、收腹以缓冲下落力量（图 2-3-14）。

扣近网球：击球点距网 50 cm 左右的扣球称为扣近网球。扣近网球的特点是击球点高、路线变化多、威力大，但易被拦网。扣近网球时，要向上垂直起跳，以免前冲力过大，造成触网或过中线犯规。跳起后，主要利用收胸动作发力，以肩为轴，向前上方挥臂，以全手掌击球的后中上部。击球后，手臂要顺势回收，以防止手触网。

图 2-3-14　正面扣球

（六）拦网

拦网是排球的基本技术之一，是队员靠近球网将手伸向高于球网处以阻挡对方来球的行动。

拦网是防守的第一道防线，是反攻的重要环节，拦网可以将对方有力的扣球拦起，减轻后排防守的压力。拦网水平的高低直接影响着比赛的胜负，在没有前排拦网的情况下，后排防守是极其困难的。从参与拦网的人数上分，拦网可分为单人拦网和集体拦网，集体拦网又分为双人拦网和三人拦网。

1. 单人拦网

动作方法：队员面对球网，两脚左右开立约与肩宽，距网 30～40 cm，两膝微屈，两臂在胸前自然屈肘。移动可采用并步、交叉步、跑步，向前或斜前方向移动。原地起跳时，重心降低，两膝弯曲，用力蹬地，使身体垂直起跳。如果是移动后起跳，制动时，双脚尖要转向网，同时利用手臂摆动帮助起跳。拦网时两手从额前平行球网向网上沿前上方伸出，两臂平行，两肩尽量上提，两臂尽力过网伸向对方上空，两手接近球，自然张开，手触球时两手要突然紧张。用力屈腕，主动盖帽捂住球（图 2-3-15）。

图 2-3-15　单人拦网

2. 双人拦网

由前排相邻的两名队员互相靠近，同时起跳组成的拦网，称双人拦网。双人拦网是比赛中最常用的拦网形式，主要在对方大力扣球时采用。双人拦网时，一人为主拦队员，另一人为配合队员。但主拦队员不是固定的。一般情况下，距对方扣球点近的队员应为主拦队员。主拦队员必须抢先移动到球落点的位置，做好起跳的准备，邻近的配合队员则迅速移动靠近主拦队员同时起跳。起跳时，要防止互相冲撞或干扰。手臂在空中不能重叠，以免缩小拦击面，但又不能间隔太宽，以造成中间漏球。靠近边线较近时，最外侧的一只手腕应适当内转，以防打手出界。

三、排球运动基本战术

（一）排球战术的基本理论

1. 排球战术的概念

排球战术是运动员在比赛中根据排球运动的比赛规律、双方的具体情况和临场变化，有效地运用技术采取的有预见、有目的、有组织的行动。一名队员根据临场情况有目的地运用技术的过程为个人战术。两名或两名以上队员之间有目的、有组织的集体协同配合称为集体战术。两者相辅相成。一个队在选择战术时，首先应从本队的实际出发，根据队员的技术水平、技术特点、身体条件和体能等情况，选择与之相适应的战术。在运用战术时，还要根据对方的技战术特点及临场变化情况，采取灵活的行动，以打乱对方的战术意图，掌握比赛的主动权。

2. 排球战术的分类

排球战术的分类就是按排球运动的特点，把排球战术的内容分为不同种类。按照参与战术的人数将其划分为个人战术和集体战术两类。个人战术分为发球、一传、二传、拦网、扣球、防守等个人战术，集体战术则分为进攻与防守战术两大类（图 2-3-16）。

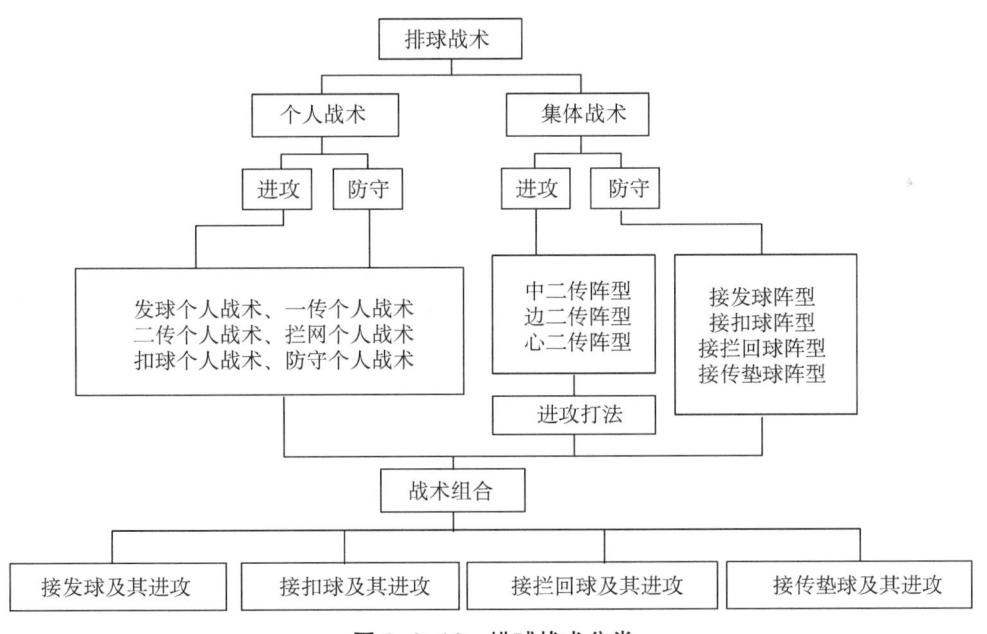

图 2-3-16　排球战术分类

3. 战术与技术

战术与技术两者之间是互相联系、互相依存、互相促进、互相制约的辩证关系。技术是战术的基础，没有全面、熟练的技术，战术就无从谈起。战术是技术的合理组织与有效运用。技术决定战术，战术可以反作用于技术，对技术提出新的要求，促进技术的发展与提高。战术和技术是在实践中不断发展的。技术的发展往往走在战术的前面，改进原有技术或出现某种新技术就可能形成新战术。但是先有新战术设想，再着手改进、训练技术，也可促进新技术的发展与提高。

4.个人战术与集体战术

个人战术与集体战术的关系是局部和全局的关系。个人战术要促成集体战术的实现，集体战术要利于发挥个人战术的特长和作用，两者相辅相成。队员在比赛中的个人战术必须服从于集体战术，并以集体战术为依据，密切与全队配合，在保证实现集体战术的前提下，充分发挥和运用个人战术，丰富全队的战术打法，弥补集体战术的不足。

5.进攻和防守

在排球比赛中，为了使球落在对方场区或造成对方失误而采取的一切合法手段，都称之为进攻。反之，为了不使球落在本方场区的一切合法手段，均属于防守。进攻是争取得分的主要手段。加强进攻可以破坏和削弱对方的进攻，从而减轻本方防守的压力，争取比赛的主动权。防守不仅是减少失分的一个重要方面，也是得分的基础。除发球外，每发动一次进攻都是在防守的基础上进行的。可以说没有防守，就没有进攻。防守应该是积极的，有进攻意识的防守。进攻与防守是紧密相连、相互依存的，片面地强调进攻或防守是不适应排球运动发展的。

（二）阵容配备、交换位置及信号联系与"自由人"运用

1.阵容配备

阵容配备就是合理地安排场上队员技术力量的组织形式。

"四二"配备："四二"配备是指场上队员有4个进攻队员和2个二传队员。4个进攻队员又分为2个主攻，2个副攻，他们都站在对角位置上。其优点是无论怎样轮转，前后排都能保持1个二传和2个进攻队员，便于组织和发挥攻击力量，给对方的拦网及防守造成困难。但对2个二传队员的进攻和拦网能力要求较高，否则就会影响"四二"配备的进攻效果（图2-3-17）。

图2-3-17 "四二"配备示意

"五一"配备："五一"配备是指场上队员有5个进攻队员和1个二传队员。这种阵容配备的优点是拦网和进攻力量得到加强，全队只需应一个二传队员的打法，相互之间容易建立

默契。但二传队员在前排时，只有两点攻。因此要充分利用两次球、吊球及后排扣球等战术变化突袭对方，以弥补"五一"配备的不足（图2-3-18）。

图2-3-18 "五一"配备示意

2. 位置交换

为了最大限度地发挥每个队员的特长，调动一切积极因素，加强攻防力量，弥补队员身体条件、体能、技术发展不平衡所带来的缺陷，比赛中，在规则允许的条件下，采用交换位置的方法。

位置交换时的注意事项有以下几点。

①发球击球前，应按要求站位，防止因"位置错误"犯规。在换位的过程中，要始终关注对方及本方场上队员的动态。

②当发球队员击球后开始换位，应力求迅速换到预定位置，以便准备下一个动作。

③接发球时，应首先准备接起对方的发球，然后再进行换位，以免造成接发球失误。

④当球判为死球时，应立即各返其位，尤其在对方掌握发球权时更应迅速返回原位，尽早做好接发球的准备。

3. 信号联系

排球运动是一个集体项目，在实现快速多变的进攻战术时，必须通过信号联系才能统一行动。没有完善的信号联系，就难以实现进攻战术的变化。所以，信号联系在排球战术的运用中起着重要的作用。

一个队的信号联系要根据本队的情况，由教练员和运动员共同协商来确定。信号力求简单、精练、清晰。

①使用语言直接进行联系，如"快""拉""高""溜""交叉"等；也可将战术编成代号，如"1""2""3"等，以代号进行联系。但语言联系容易泄露意图，有时可以采用真真假假来迷惑对手，如讲快打慢、讲拉打近等。②手势信号，通过事先约定的各种手势，进行规定的战术配合。

4. "自由人"运用

合理地选择并运用"自由人"是战术运用的一个方面。"自由人"专职负责接发球和后排防守，其上下场之间只需经过一次发球比赛过程，换人不计为正规换人次数，且次数不限。因此，选择接发球和后排防守技术高超的队员作为"自由人"，能大大提高全队的防守水平。

"自由人"可在前排进攻、拦网队员体力下降需要休息并轮到后排时替换上,所以合理地运用"自由人"能大大提高全队的进攻水平。

(三)个人战术

个人战术是队员根据临场比赛的情况,有目的、有针对性地运用个人技术的过程。个人战术可以提高个人技术动作的效果和弥补集体战术的不足,包括发球、二传、扣球、一传、拦网、防守等个人战术。

1. 发球个人战术

发球个人战术具有相对的独立性和自主性。运用发球个人战术的目的是破坏对方的一传,为本方得分或反击创造有利条件。根据临场情况,针对不同对手的接发球适应能力,采用不同的战术是很有必要的。

2. 二传个人战术

二传个人战术的基本任务是利用空间、时间和动作上的变化,有效地组织进攻战术,给扣球队员创造有利的条件,使对方难以组织防御。

3. 扣球个人战术

扣球个人战术是扣球队员根据比赛中对方拦网和防守情况,选择合理、有效的扣球方法和路线,以突破对方防守的有意识的行动。

4. 一传个人战术

一传个人战术是为了组成本队的进攻战术而有目的的垫击。由于各种进攻战术对一传的要求不同,所以一传的方向、弧度、速度、落点和节奏也各有特点。

5. 拦网个人战术

拦网个人战术是通过准确的起跳时机、空中的拦网高度和拦击面、手型动作的变化等因素来实现的攻击行动。

6. 防守个人战术

防守垫击与接发球相比具有更大的随机性和突然性,难度较大。防守队员要选择有利的位置,采用合理的击球动作,将球有效地接起来,组织各种进攻。优秀的防守队员不仅要勇猛施救,还要善于思考,判断准确。

(四)集体战术

随着世界排球运动的发展,进攻战术丰富多彩,单纯地依靠个人体能和技战术能力是难以战胜对手的。从前排队员的活点进攻,发展到今天全方位的立体进攻,无不显示出集体战术的威力。

集体战术是指两个或两个以上队员之间有组织、有目的的集体协同配合。任何集体进攻战术的变化都建立在进攻阵型和进攻打法的基础上。

1. 进攻阵型

进攻阵型就是进攻时所采取的基本队形。合理地选择进攻阵型是各种进攻战术变化的基础,过去排球界取得共识的有"中一二""边一二""插上""两次球及其转移"4种进攻阵型。

随着排球运动的发展，在技战术打法上已形成了高快结合、前后结合、全面型进攻的局面。原先的由前排中担任二传，2 号、4 号位队员扣球的"中一二"进攻阵型和由前排 2 号位做二传，3 号、4 号位队员扣球的"边一二"进攻阵型都已不能涵盖当前 1 名队员做二传，其他 5 名队员都参与进攻的立体进攻阵型。因此，我们根据二传组织进攻时的位置，把目前的进攻阵型定名为"中二传"进攻阵型、"边二传"进攻阵型和"心二传"进攻阵型，以期能更准确地表述其内涵。

"中二传"进攻阵型及其变化：由一名前排或后排队员在前排中担任二传，其他队员参与进攻的阵型，称作"中二传"进攻阵型。"中二传"进攻阵型是最基本的进攻阵型，其特点是二传队员在中间，一传容易到位，战术可简可繁，适合不同技术水平的队。技术水平较低的队可组织前排 2 号、4 号位扣一般高球，技术水平较高的队可组织各种战术进攻乃至立体进攻。

"大三角"站位是最基本的站位方法，其变化主要以 2 号、4 号位进攻为主，辅以后排进攻等（图 2-3-19）。当二传队员在 4 号位或 2 号位时，可以换位成"中二传"进攻阵型（图 2-3-20）。

"插上"成"中二传"进攻阵型：后排队员都可以"插上"做一传，如 6 号位队员从 3 号位队员右侧"插上"成"中二传"进攻阵型，其他队员分别进行前排或后排进攻（图 2-3-21）。

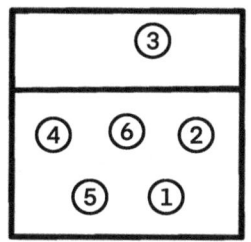

图 2-3-19 "大三角"站位示意

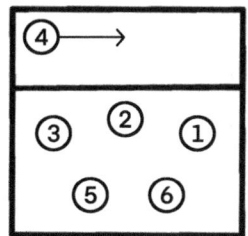

图 2-3-20 换位成"中二传"进攻阵型示意

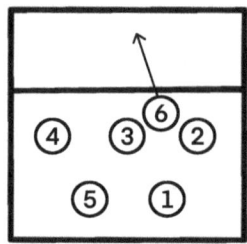

图 2-3-21 "插上"成"中二传"进攻阵型示意

"边二传"阵型：2号位队员站在网前任二传，3号、4号位队员前排进攻，其他队员参与后排进攻（图2-3-22）。

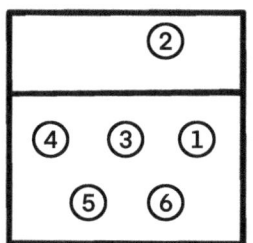

图 2-3-22 "边二传"阵型示意

"边二传"进攻阵型及其变化：由一名前排或后排队员在前排2号位作二传，其他队员参与进攻的阵型，称作"边二传"进攻阵型。"边二传"进攻阵型也是基本的进攻阵型，其特点是二传队员在边上，对一传的要求稍高，但战术变化比"中二传"进攻阵型多，战术可简可繁，同样适合不同技术水平的队。

采用"中二传"进攻阵型时，二传队员的站位应稍靠近2号位，避免与6号位队员重叠，以免阻挡视线影响其接发球。采用"边二传"进攻阵型时，二传队员的站位不宜太靠近边线，以免运用"拉开""围绕"等快攻战术时，因距离远而影响战术质量。

2. 接发球及其阵型

接发球是进攻的基础，它是由守转攻的转折点。如果没有可靠的一传作保证，就难以组成有效的进攻战术，甚至还会造成直接失分。

接发球的基本要求。

①正确判断：接发球的质量在很大程度上取决于能否进行正确的判断。接发球时，队员的注意力要高度集中，充分做好接发球的准备，根据对方的发球动作、性能、力量及速度，迅速做出正确的判断，及时移动取位，对准来球路线，运用合理的垫球技术将球垫给二传队员。

②合理取位：在组成接发球阵型时，应以前排靠近边线的队员为基准取位，同列队员之间不要重叠站位，同排队员之间保持适当距离，以免相互影响。2号、4号位队员的取位距边线1 m左右即可。

③分工与配合：接发球时，每一个接发球队员都应明确接发球防守的范围。划分范围

不仅是平面的，还应根据来球的弧度进行立体空间划分。接发球队员之间应既有分工，又有配合，注重整体接发球的实效性，接发球能力好的队员范围可大些，后排队员接球范围可大些。

在选择接发球阵型时，不仅要有利于接球，还要考虑本方所采用的进攻战术及对方发球的特点。

"W"站位阵型：初学者打比赛多采用"中、边二传"进攻阵型，大多站成W形，也称"一三二"形站位。5名队员分布均衡，前排3名队员接前场区的球，后排2名队员接后场区的球，职责分明（图2-3-23）。这种站位的缺点是队员之间的"结合部"相应增多，也不利于接对方发到边角上的球（图2-3-24）。

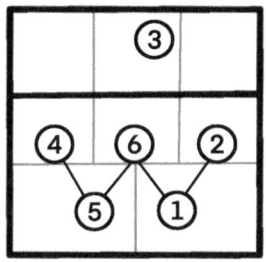

图2-3-23 "W"站位"中二传"接发球示意

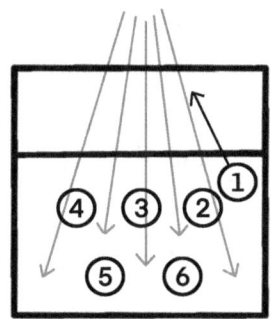

图2-3-24 "W"站位"边二传"接发球示意

3. 接扣球防守及其阵型

接扣球防守包括拦网、后排防守两个环节。其中，拦网是第一道防线，有效的拦网不仅可以遏制对方的进攻能力，减轻后排防守的压力，还能提高防起率为反攻创造机会。

根据前排拦网队员的多少，防守阵型可分为单人拦网、双人拦网和无人拦网。每个队必须熟练掌握并运用各种防守阵型，才能适应比赛的需要。

单人拦网时的防守阵型：当对方技术水平一般，进攻能力较弱或对方战术多变无法组织集体拦网时，可采用单人拦网的防守战术。

与对方扣球队员相对应位置队员拦网的防守阵型：以对方4号位进攻为例，由本方2号位队员单人拦网，3号位队员后撤防吊球，4号位队员后撤防小斜线或吊球，后排3名队员组成半弧形防守圈，每人防守一个区域（图 2-3-25）。

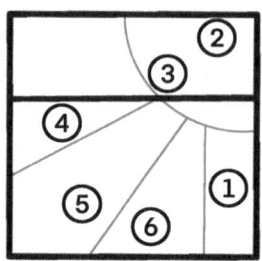

图 2-3-25　单人拦网防守站位示意

无人拦网时的防守阵型：比赛中，由于对方战术多变，本方拦网受挫，导致无人拦网。在这种情况下，只能根据临场变化灵活取位，力争把球防起。

在对方扣球能力很弱或进攻时球离网很远的情况下，可以主动不拦网，以"中二传""边二传""心二传"进攻阵型布防。

初学者在比赛中常以传球、垫球为进攻手段，可以不拦网，以加强防守的力量。

四、排球运动的比赛规则和欣赏

（一）排球比赛规则

1. 球场尺寸及球网高度

排球比赛场地长 18 m，宽 9 m，由一条中线将场地平分为两个相等的场区（图 2-3-26）。球网垂直于中线上空，成年男子网高 2.43 m，女子网高 2.24 m。

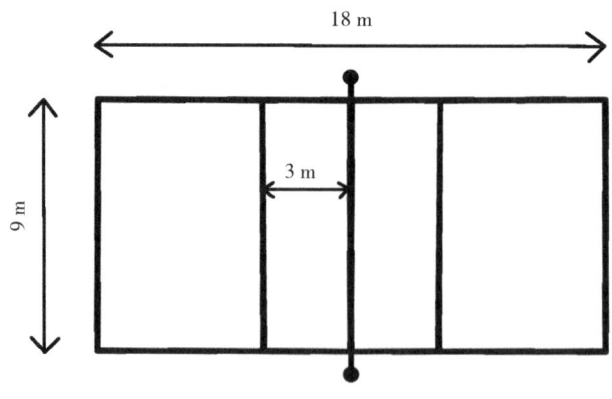

图 2-3-26　排球场地示意

根据排球竞赛规则，从 1 号位至 6 号位，位于网前的 2、3、4 号位队员称前排队员，位于后场的 1、5、6 号位队员称后排队员（图 2-3-27）。

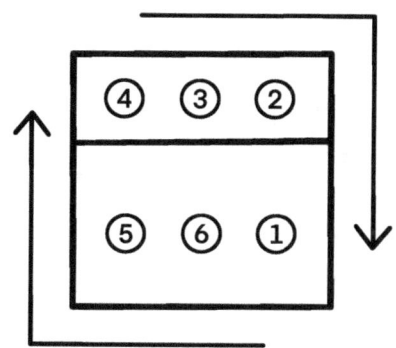

图 2-3-27 运动员站位示意

2. 队伍成员、队形和队员的替换

标准的室内排球比赛，每队有 6 名队员参加，并且规定发球次序。每当接发球队伍从对手处赢得发球权时，队员需按照顺时针方向轮转一个位置。必须按照比赛开始前填写的次序轮转。当一队发球时，全场队员必须按照发球次序站位，发球结束后，队员的移动和站位便不再受限，可任意移动到球场各处。由于规则禁止后排队员在进攻线以前对高于球网的球进行攻击或拦截，因此，后排队员最好在一球进行中留在后排区域。比赛时可以换人，然而一旦替换，则该队员在本局结束前只能位于原阵容的位置上。队员可以多次选择重新回到比赛。虽然在官方的排球规则中规定了每队 6 名球员参赛，但队员不足 6 人也能够比赛。只要双方人数相等，可以进行五对五、四对四甚至一对一的排球比赛。只要在比赛开始前清楚地制定好规则，就可以享受到规则变化带来的不同乐趣。

3. 计分规则

完成一场比赛需要五局三胜或三局两胜，每一局率先取得 25 分且领先对手 2 分的队伍获胜，决胜局及第三局或第五局率先取得 15 分且领先对手 2 分便可获胜。并未领先对手 2 分，则比赛继续，直到其中一方领先 2 分。大多数三局两胜的比赛时间在 45 分钟到 1 小时，五局三胜的比赛则在 90 分钟到 2 小时。

排球是一项隔网对抗类的运动。在比赛过程中，排球不可有明显的静止。若球被接住时或击球时球在队员的身体上停留，会被判击球违规，对手得分。同时，排球也是一项团队运动，同一名队员不可连续击球 2 次。比赛中，队员不可在已经击球或触球后，仍试图连续击球。若队员在接发球或进攻球时，球在队员的同一个动作过程中分别接触了其胳膊和肩膀，则这种二次触球是被允许的。

通常，排球的进攻手段为扣球和吊球。进攻一方的队员中，只有站在进攻线前面的 3 名队员可以任意对高于球网的球进行扣球或吊球。而站在进攻线后面的球员，发起进攻时需要满足双脚在进攻线之后的条件，但落地后双脚超过进攻线不视为犯规。若想对对方的进攻进行拦网，则只有在排球已经部分或者全部进入本方场区空间后才可进行。拦网队员不可将手越过球网并干扰对手传球。然而，若对手已经连续触球 3 次，则在球还未穿过球网上空平面之前，拦网队员也可将手伸过球网，在对方场区击球。拦网时的触球不计入球队 3 次触球。若两名队员同时拦网且同时触球，则算作本队 1 次触球。此外，对发球的直接拦网和进攻都是违规的。

出现以下情况时，此回合结束，一方得分。

①发球未过网或在未接触到接发球方队员的情况下，直接落地出界。

②发球时，队员未轮转。

③排球接触到地面。

④球在碰到一名队员之后，未被击回。

⑤同一队伍连续触球 4 次（拦网触球除外）。

⑥一方犯规或违反其他规定。

⑦一方在比赛过程中触网（不包括球被击入球网而造成球网被击中球反弹到附近球员及队员的情况）。

⑧一名队员完全越过中心线（标志杆以内的区域）或在比赛中干涉对手。

出现以上情况时，每球结束后都会有一队得分。但出现以下情况时，该球会被判无效，该回合重赛。

①双方球员同时触网。

②球场受到人或物的干扰（通常为相邻球场的球滚到本球场）。

③比赛中有球员受伤，若继续比赛可能会威胁到该球员的健康。

重赛意味着本球不计分，先前的发球队保留发球权。当第一裁判向某个队伍或教练出示红牌时，该队失 1 分。裁判出示红牌进行处罚的情况，包括无运动员风范的行为、引发混乱的行为、不正当的替换、超时请求、使用违规援助等。同时，裁判也可自行决定使用黄牌来对这些行为提出警告。

4. 着装与器材规定

队服上衣必须有明显的编号，方便裁判确定发球次序是否正确并准确记录队员的替换。并不要求参赛双方一定要穿颜色容易区分的球服，但这确实更利于队员在网前分清队友和对手。

第一裁判有权决定球员佩戴的首饰、硬物或固定器等物品是否过于危险，影响比赛。戒指、耳环和项链等饰品容易缠在球网上或与排球接触，这在某种程度上可能导致球员受伤，因此不应当佩戴此类饰品。手上和胳膊上禁止佩戴任何硬物，因为可能会在网前击球时对其他人造成伤害。脚踝固定器或四肢上的其他软式固定器一般是安全的，允许佩戴。

（二）排球比赛欣赏

1. 世界锦标赛

第一届世界男排锦标赛于 1949 年在布拉格举行。第一届世界女排锦标赛于 1952 年在莫斯科举行。此项赛事每 4 年办一次，与奥运会排球赛穿插进行。起初世界各国、各地区均可申请参加，此项赛事是世界排坛举办最早、规模最大的世界性比赛，受到各国的普遍重视。因队数过多不便组织，1992 年 3 月国际排联理事会在瑞士的洛桑会议上决定，男女只有 16

支队伍可以参加这项比赛。

2. 奥运会排球赛

在 1964 年第 18 届东京奥运会上，排球第一次被列为奥运会比赛项目。参加这项比赛必须经过严格选拔，通常一个洲只允许一个球队参赛，加上主办国、上一届世界锦标赛的前 3 名及由国际排联直接组织的预选赛产生的 3 支球队，总共只有 12 支球队具备参赛资格。因此，它是世界排球最高水平的比赛，深受各国政府、体育组织和运动员的重视。

3. 世界杯赛

该项赛事的前身是"三大洲"（亚洲、欧洲、美洲）排球赛。1964 年国际排联决定，将"三大洲"排球赛更名为"世界杯"排球赛，并决定于 1965 年 9 月在波兰举行首届世界杯男子排球赛，并规定以后每 4 年举行一次。1973 年在乌拉圭举行了第一届世界杯女子排球赛。自 1977 年始，世界杯赛的地点固定在日本。世界杯赛安排在世界锦标赛与奥运会排球赛之间。国际排联规定，参赛队必须事先经过各大洲选拔，男、女均只有 12 支队具备参赛资格。

以上赛事被公认为世界排球三大赛事。此外，对排球事业发展影响较大的比赛还有世界青年排球锦标赛、世界男排联赛、世界女排大奖赛、国际排联 4 强对抗赛、国际排联世界冠军杯赛、日本杯排球赛及世界沙滩排球赛等。

五、评价内容与标准

结合排球运动的学习目标和要求，可以依据表 2-3-1 对学生排球运动能力进行综合评价。

表 2-3-1　排球运动评价内容与标准

项目	等级	内容	标准		
			及格	良好	优秀
体能	达标	36 m 折返跑	男：14.0～15.0 秒 女：15.5～16.5 秒	男：12.5～13.9 秒 女：14.0～15.4 秒	男：11.0～12.4 秒 女：12.5～13.9 秒
	进阶	三级蛙跳	男：6.5～7.4 m 女：4.5～5.5 m	男：7.5～8.4 m 女：5.6～6.4 m	男：8.5～9.5 m 女：6.5～7.0 m
垫球	达标	连续自垫	20～24 个	25～34 个	35～45 个
		双人对垫	20～24 个	25～34 个	35～45 个
	进阶	双人隔网对垫	25～34 个	35～44 个	45～55 个
传球	达标	连续自传	10～14 次	15～19 次	20～25 次
	进阶	双人对传	10～14 次	15～19 次	20～25 次

续表

项目	等级	内容	标准		
			及格	良好	优秀
发球	达标	侧面下手发球（10次/组）	6个	7个	8个
	进阶	正面上手发球（10次/组）	7个	8个	9个
扣球	达标	正面扣球（10次/组）	成功4个	成功5个	成功6个
拦网	达标	单人拦网（10次/组）	成功2个	成功3个	成功4个
实战	达标	技术运用	基本掌握已学技术，具有一定的攻防意识和实际运用能力；有较好的参与过程	基本技术比较规范，具有攻防战术意识和实际运用能力；有较好的竞赛作风	掌握较好，基本技术运用合理；攻防战术意识和运用能力较强；有很好的竞赛作风

第三章　灵活多变的小球运动

第一节　乒乓球

> **学习目标**
> ①理解乒乓球运动的基本理论知识。
> ②掌握乒乓球运动的基本技术和战术。
> ③参加乒乓球比赛,培养运动习惯和良好的意志品质。

一、乒乓球运动概况

(一)乒乓球的起源与传播

关于乒乓球运动的起源,目前我国公认的看法是,乒乓球是19世纪后期在英国由网球运动演化而来的。19世纪末,欧洲盛行网球运动,但由于受到场地和天气的影响,英国一些大学生把网球移到室内,以餐桌为球台,用书搭成球网,用羊皮纸做成球拍,在餐桌上打来打去。后来,驻守印度的英国军人对这种运动进行了改良,用空心的塑料球代替了实心的球,用木板代替了羊皮纸做的球拍,并按照网球的相关规则来进行比赛。所以乒乓球也称为桌上网球,英文名为"Table Tennis"。1902年,留学英国的日本人坪井玄道将乒乓球带回了日本。1904年,上海四马路一家文具店的经理从日本买来10套乒乓球器材,摆设在店中,并亲自进行乒乓球的表演,从此乒乓球开始在中国落地、生根、发芽。

(二)世界乒乓球运动的发展历史

20世纪初,乒乓球运动在欧洲和亚洲逐渐发展起来。1926年12月,在英国伦敦正式成立了国际乒乓球联合会(International Table Tennis Federation),简称国际乒联,英文缩写为ITTF。会上讨论了乒乓球的竞赛规则,推选了英国乒协的负责人伊沃·蒙塔古为第一任国际乒联主席。

乒乓球运动的发展历史大致可以分为以下几个阶段。

(1)欧洲全盛时期(1926—1951年)

这一时期,欧洲运动员创造的削球打法成了当时乒乓球运动发展的重要技术创新。削球打法的成功，得益于 1902 年英国人库特发明的颗粒胶皮拍。它标志着乒乓球运动由木板拍进入到颗粒拍时代，球拍的演变，加强了击球的旋转和速度，增加了击球的摩擦力。在这个时期共举办了 18 届世界乒乓球锦标赛，除美国选手获得 8 个冠军外，其余的冠军都由欧洲选手获得。

（2）日本称雄世界乒坛（1952—1959 年）

1951 年，奥地利人发明的海绵胶皮拍被日本引进并应用。从此，乒乓球拍不再受单层胶皮拍的限制，开始采用海绵胶皮拍。这一器材的革新大大提高了击球的速度。这个时期，日本选手创造了直拍单面中远台的长抽打法，以进攻为主。这期间共举办了 9 届世界乒乓球锦标赛，日本选手夺走了 24 个冠军，占总冠军数的 49%，结束了欧洲在世界乒坛长达 25 年的统治地位，也改变了削球占主导、横拍一统天下的局面。

（3）中国乒乓球运动的崛起（1960—1969 年）

20 世纪 50 年代末，正当日本队处于巅峰状态时，中国乒乓球队异军突起，中国直拍近台快攻打法在世界乒坛崭露头角。这个时期共举办了 5 届世界乒乓球锦标赛，中国参加了其中的 3 届，获得了 11 个冠军。通过这几届的磨炼和总结，中国乒乓球队逐渐形成了"快、准、狠、变"的技术风格，也把世界乒乓球运动推向了新的发展阶段。

（4）欧洲复兴和欧亚对抗时期（1971—1999 年）

20 世纪 60 年代初，日本大学生中西义治发明了弧圈球。从此，乒乓球运动进入了速度与旋转的较量。70 年代末，欧洲横拍打法选手吸收并发展了日本的弧圈球技术和中国的近台快攻打法。创造了速度与旋转相结合的横拍全攻型打法，走上复兴之路。80 年代末到 90 年代初，以瑞典为代表的欧洲弧圈球进攻型打法在世界重大比赛中取得了优异的成绩。从第 35 届至第 39 届世界乒乓球锦标赛，欧洲选手囊获了全部男子比赛项目的冠军。

（5）乒乓球运动的重大改革时期（2000 年至今）

在这一时期，中国乒乓球再次领先。中国队在三大赛中获得了全部金牌的近 90%。2000 年第 27 届悉尼奥运会之后，乒乓球改为大球，直径由原来的 38 mm 改为 40 mm；赛制上，每局由 21 分改为 11 分；规则上，开始实施"无遮挡发球"。这些重大的变革，对乒乓球运动的发展带来了新的发展机遇与挑战。

（三）我国乒乓球运动的发展与"国球"文化

1. 我国乒乓球运动的发展

1904 年，乒乓球运动由日本传入中国上海。1927 年 8 月，第 8 届远东运动会在上海举行。在这届运动会上，乒乓球被列为表演项目。1935 年，在上海成立了中华全国乒乓球协会。1952 年，中华全国体育总会乒乓球部加入了国际乒联。1953—1957 年，我国先后参加了第 20 届、第 22 届、第 24 届世界乒乓球锦标赛。1959 年，容国团在第 25 届世乒赛中为中国夺得了第一个世界冠军。1961 年，在北京举行的第 26 届世界乒乓球锦标赛中，中国队第一次获得男子团体冠军，邱钟惠获得第一个女子单打冠军，庄则栋获得男子单打冠军。20 世纪 70 年代，我国坚持直拍近台快攻的打法，创新了用两面不同性能胶皮的打法。1981 年，我国乒乓球选手在第 36 届世界乒乓球锦标赛上囊括全部 7 项冠军，成为世界乒乓球锦标赛史上第一个夺得全部冠军的国家。

2. "国球"文化

乒乓球运动在我国的崛起和长盛不衰，使乒乓球当之无愧地被称为"国球"，但这些不是它的全部。乒乓球能够成为"国球"，根本原因在于它与中华民族的文化有着深层的契合，并形成了自己独特的"国球"文化。容国团为中国夺得第一个世界冠军，令全国人民为之骄傲、自豪。自他的"人生能有几回搏"的豪情壮志之后，中国乒乓球队的精神日益积淀成一种深厚的文化。从"胸怀祖国，放眼世界"到"从零开始"，从"输球不输人"到"创新才有生命力"，中国乒乓球肩负着特殊的光荣使命，振奋着中华民族精神。

球场外，国手们用"小球推动大球"，开启了中美外交的破冰之旅，为世界和平与友谊做出了贡献。广大的乒乓球爱好者通过乒乓球联络了感情，丰富了生活，掀起了全民健身的热潮。小小银球所到之处，开遍友好交流之花。

（四）乒乓球运动的特点与锻炼价值

乒乓球运动具有速度快、变化多、球小的特点。这项运动不受年龄、性别和身体条件的限制，运动量可大可小，很容易被大众接受。对于场地器材的要求也相对简单，室内室外都可以开展。

乒乓球运动的锻炼价值有以下几个方面。

1. 可以提高身体素质

长期进行乒乓球运动可以提高身体素质。随着水平的提高，活动范围的增大，运动量也会变大，相应的会增强力量、提高速度和身体的灵敏性与协调性。

2. 可以调节和改善神经系统

由于乒乓球台面积较小，乒乓球飞行速度又比较快，所以要求运动员对高速运动的来球方向、落点、旋转等因素进行快速的判断并合理回击。经常打乒乓球可以改善神经系统，尤其是提高手眼的反应速度。

3. 可以提高心理素质

乒乓球比赛对抗激烈，双方斗智斗勇。11分的赛制会使比分变化很快，所以运动员要经常面对变幻莫测、胜负难料的激烈竞争局面，久而久之会让人的心理素质得到加强。

4. 可以促进交流，增进友谊

参加乒乓球运动可以结识很多球友，大家可以互相交流经验、切磋球技，达到共同学习、共同提高的目的。

二、乒乓球运动基本知识

1. 击球路线

击球点与落点之间连线的投影线叫击球路线，分为右方斜线、右方直线、左方斜线、左方直线和中方直线（图3-1-1）。

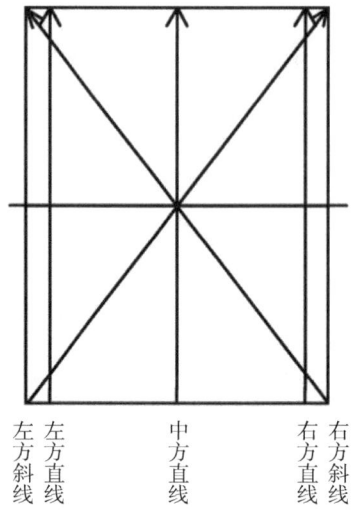

图 3-1-1　击球路线

2.击球时间

击球时间是指球拍触球的瞬间,乒乓球在空间所处的时期。从来球着点反弹跳起至回落到台面的整个过程,可分为上升前期、上升后期、高点期、下降前期和下降后期5个时期（图 3-1-2）。

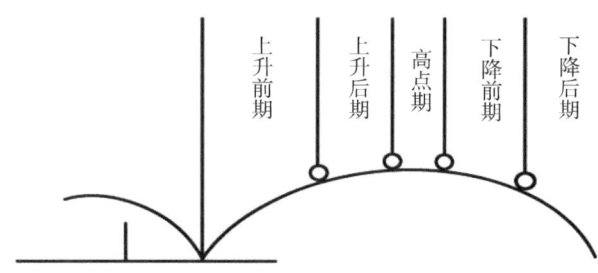

图 3-1-2　击球时间

3.击球部位

触球瞬间是整个击球过程的精华所在,它不但赋予球力量,更直接决定了球的速度、旋转和落点。此时的关键就在于击球的部位。让我们把乒乓球看作时钟,球的上部是 12 点,下部是 6 点,从 12 点到 6 点分别对应不同的击球部位（图 3-1-3）。

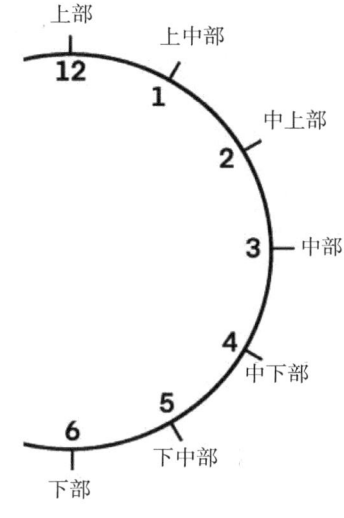

图 3-1-3　击球部位

4. 拍面角度

拍形是指拍面与台面所构成的角度。一般分为前倾、稍前倾、垂直、稍后倾、后倾 5 种（图 3-1-4）。

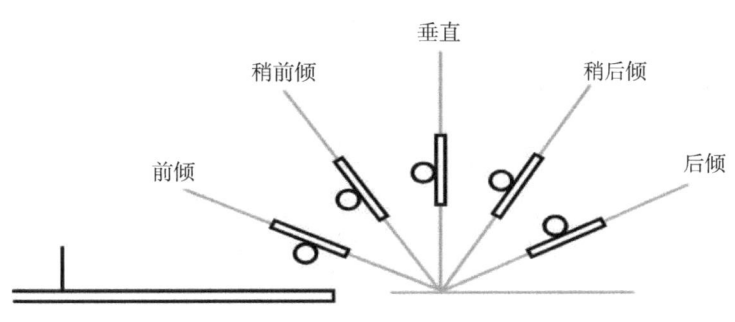

图 3-1-4　拍面角度

三、乒乓球运动基本技术

乒乓球基本技术包括四大项内容：握拍法、站位与准备姿势、基本步法和单项技术。

（一）握拍法

1. 直拍握法

基本握法：用拇指第一指节和食指第二指节钳住拍柄与拍面的结合部位，虎口贴于拍柄后面，其余三指自然弯曲、重叠，用中指第一指节顶住球拍上面的 1/3 处（图 3-1-5）。

图 3-1-5 直拍握法

特点：手腕灵活，发球可以做出较多的变化；击球时出手快，线路活且动作隐蔽性好。但反手攻球时容易受人体生理结构的限制而缺乏杀伤力，可以利用直拍横打技术来弥补反手的攻击性。

2. 横拍握法

基本握法：用中指、无名指和小指自然握住拍柄，虎口贴住拍肩，拇指略弯曲贴在球拍正面，食指自然伸直，斜贴于球拍反面（图 3-1-6）。

图 3-1-6 横拍握法

特点：能够照顾的面积比直拍握法大，反手攻球不受身体阻碍，便于发力。但左右两面击球需要转动拍面，影响挥拍速度；台内正手攻球受手腕限制较难掌握。

3. 握拍注意事项

①无论哪种握法都要松紧适度，初学者容易紧张造成握拍过紧，从而导致手腕僵硬，影响手腕的协调发力和灵活性。

②握拍不能太浅，否则会影响握拍的稳定性。握拍的深浅要结合自己手的大小和习惯。

③初学者一旦形成了握拍习惯，不要随便更改握拍法。

（二）站位与准备姿势

1. 站位

乒乓球站位分为近台、中台、中远台和远台 4 种。近台一般距离球台端线 50 cm 以内，中台距离球台端线 50～70 cm，中远台距离球台端线 70～100 cm，远台距离球台端线 1 m 以上（图 3-1-7）。

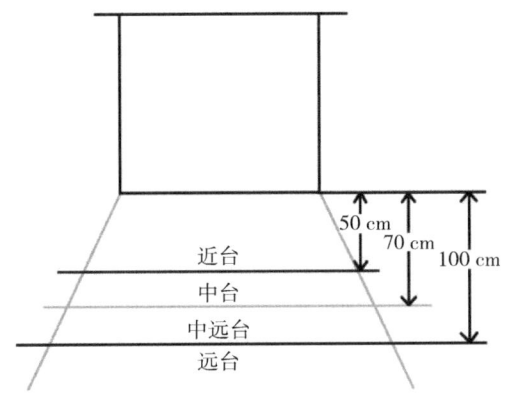

图 3-1-7 站位

2. 准备姿势

动作要领：两脚左右开立，略比肩宽，两膝微屈稍内扣，前脚掌内侧着地，身体重心在两脚之间。上体稍前倾，含胸收腹，两眼注视来球方向。执拍手和不执拍手都自然弯曲置于体前（图 3-1-8）。

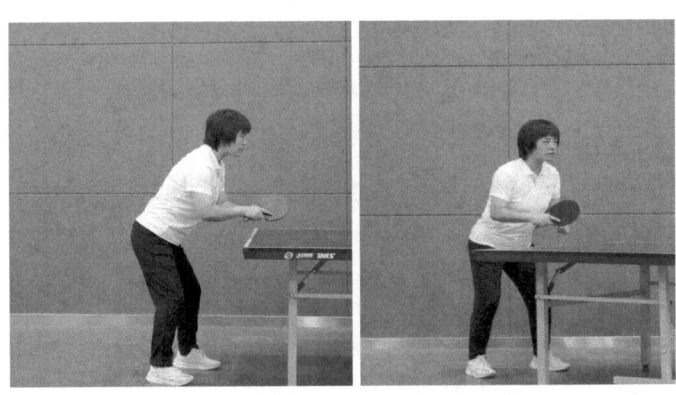

图 3-1-8 准备姿势

（三）基本步法

步法是乒乓球技术的重要组成部分。如果没有灵活的步法，技术再好也难以用出来。常用的步法有单步、跨步、并步、交叉步和侧身步。

1. 单步

在来球角度较小的情况下，以一脚为轴，另一脚向前、后、左、右移动一步，同时身体重心随移动脚而动（图 3-1-9）。一般用来回击离身体不太远的来球。

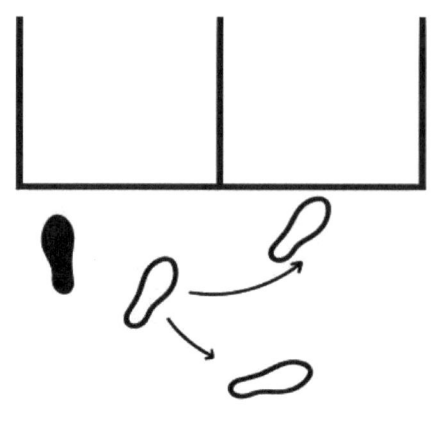

图 3-1-9　单步

2. 跨步

在来球急、角度较大的情况下，多采用跨步，即将与来球同方向的脚向来球方向跨一大步，随即另一只脚跟上小半步（图 3-1-10）。

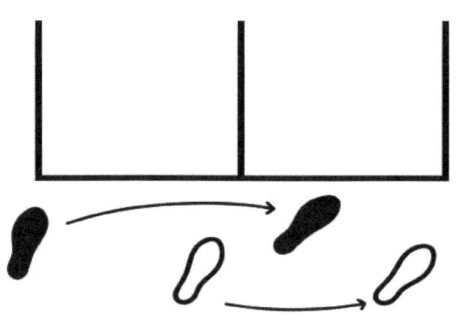

图 3-1-10　跨步

3. 并步

与来球方向相反的一脚先蹬地移向来球方向，落地同时，另一只脚向来球方向移动（图 3-1-11）。一般是正反手两面攻时，或正手两点攻时，需要采用并步左右移动。

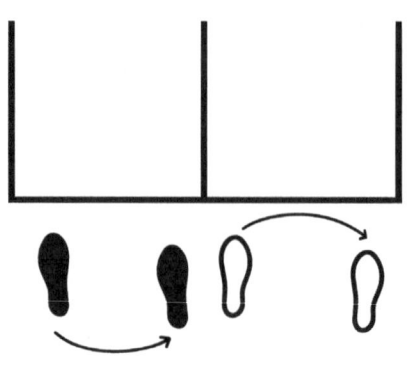

图 3-1-11　并步

4.交叉步

在来球远离身体的情况下,多采用交叉步,即先将与来球反方向的脚蹬地,向来球方向移动,并从另一只脚前面或后面交叉经过,然后另一只脚随即向来球方向移动(图3-1-12)。

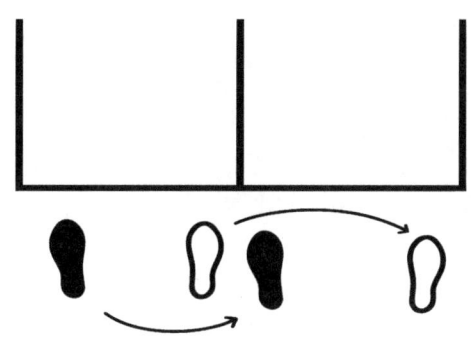

图 3-1-12　交叉步

5.侧身步

在来球追身的情况下,多采用侧身步,即左脚先向左跨一步,右脚随即向左后方移动(图3-1-13)。

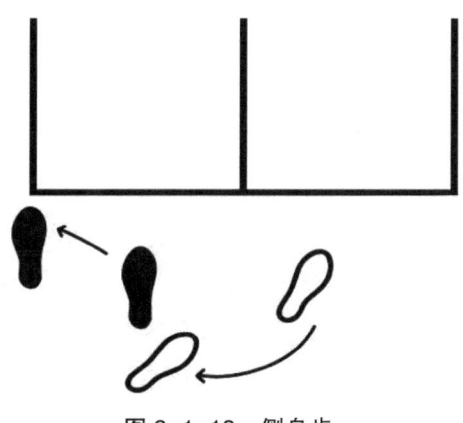

图 3-1-13　侧身步

(四)单项技术

乒乓球的击球通常分为击球前、击球时、击球后3个部分,动作结构有共同的规律,可总结为判断选位、引拍、挥拍迎球、击球、随势挥拍、还原。

(1)直拍反手推挡

动作要领:两脚平行站立,身体离球台30～50 cm。击球前,两膝微屈,含胸收腹,将球拍置于腹前,击球时,前臂前伸主动迎球,在来球上升期击球的中部,击球后手臂、手腕顺势向前推送后，快速还原（图 3-1-14）。

图 3-1-14　直拍反手推挡

（2）横拍反手拨挡

动作要领：两脚平行站立，身体离球台 30～50 cm。击球前，两膝微屈，含胸收腹，将球拍置于腹前，准备击球时，向后下方引拍，手腕内收，拍面稍前倾，在来球上升期击球的中上部，将球挡回（图 3-1-15）。

进阶：快拨、弹打、减力挡、变线。

图 3-1-15　横拍反手拨挡

（3）近台正手攻球

动作要领：站位近台，右脚稍后，两膝微屈，上身稍前倾。击球前，向右转腰带动持拍手臂引拍至身体右侧，在来球上升期，手臂由右后向左前方挥拍击球的中上部，发力以前臂为主。击球后顺势挥拍至左额前，迅速还原（图 3-1-16）。

进阶：快攻、扣杀、台内挑打。

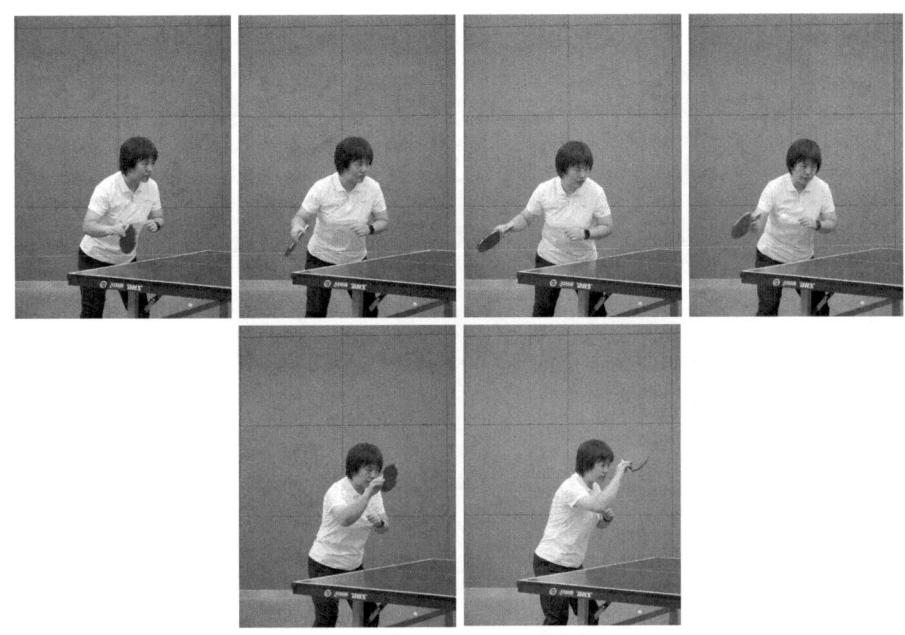

图 3-1-16　近台正手攻球

（4）搓球

动作要领：反手搓球时，两脚开立，站位近台，向后上方引拍，拍面后仰，横拍手腕外展，直拍手腕内收。在来球下降前期，击球的中下部并向底部摩擦球。正手搓球站位同上，向后上方引拍，拍面后仰，横拍手腕外展，直拍手腕后展。在来球下降前期，击球的中下部并向底部摩擦球（图3-1-17）。

图 3-1-17　搓球

（5）弧圈球

正手拉弧圈球：两脚开立，左脚在前，右脚稍后，含胸收腹，两膝微屈，身体稍前倾。向右转腰带动持拍手向侧后下方引拍，同时重心转至右脚，击球时，以右脚为轴，蹬地转腰，带动大臂挥拍，当快要击到来球时，快速收缩前臂，摩擦球的中上部。击球后，手臂顺势挥动，身体重心移至左脚，然后迅速还原。

反手拉弧圈球：两脚开立，右脚在前，左脚稍后，含胸收腹，两膝微屈，身体稍前倾，重心落在两脚之间。向左转腰，重心置于左脚，左膝屈膝程度加大，通过转腰带动大臂、前臂向侧后方引拍。当快要击到来球时，前臂向右前上方外展，拍面稍前倾，摩擦球的中上部。击球后，手臂顺势挥动，身体重心移至右脚，然后迅速还原。

（6）发球与接发球

发球和接发球是乒乓球每一分的开始环节。只有把这两项技术掌握好，其他技术才有用武之地。

1）发球规则

发球的好坏对每一分影响很大，为了保证比赛的观赏性，尽可能减少发球直接得分的情况，国际乒联制定了一系列的发球规则，其宗旨是要让发球者的动作自始至终让接发球人看得一清二楚。此外还有几点要求。

①不持拍手手掌伸平，将球置于掌心，不要握球，保持球静止；

②将球垂直上抛至少 16 cm（参照网高 15.25 cm）；

③抛球时，不执拍手要始终高于台面，球体必须在球台端线以外。

2）发球种类

a. 正手发平击球

动作要领：持球手将球抛起时，持拍手向后引拍，当球下降时，持拍手以肘关节为轴，前臂向右前方挥拍击球。击球时拍面稍前倾，击球中上部。击球后第一落点应在球台的中部区域（图 3-1-18）。

图 3-1-18　正手发平击球

b. 发急长球

动作要领：持球手将球抛起时，持拍手向后引拍，当球下降至接近网高时，前臂迅速由后向左前方挥拍击球。击球时拍面稍前倾，击球的中上部。击球后第一落点应尽量靠近本方球台的端线。

c. 正、反手发侧上（下）旋球

动作要领：抛球时，持拍手向右上方引拍，当球下落至网高时，持拍手手臂迅速向左下方挥动，球拍触球瞬间手腕快速向左上方摩擦球，使球产生左侧上旋转（图 3-1-19）。发左侧下旋时，手腕快速向左下方摩擦球，使球产生左侧下旋转。

d. 正手发转与不转球

动作要领：发转球时，前臂向后上方引拍，拍面稍后仰，待球下落时，持拍手前臂迅速向前下方挥拍，摩擦球的中下部。发不转球时，持拍手手臂向前下方挥拍去撞击球，少摩擦。

图 3-1-19　正手发侧上旋球

3）接发球

接发球时要根据发球方的位置选择站位。常用的接发球方法有推挡、搓球、削球、拉球、攻球、快点、快带等。接发球的关键是观察对方球拍触球瞬间的击球部位、球拍移动方向、手腕用力的程度。

练习方法：

徒手抛球与发球动作的模仿练习。

单人多球练习发球。

一人发球，一人接发球，定点线路发球。

四、乒乓球运动的基本战术及其学习与运用

（一）基本战术

乒乓球各类型打法的战术是多种多样的。归纳起来，大致可分为以下几类：发球强攻战术、对攻和拉攻战术、搓攻战术和接发球战术。由于类型打法、个人技术风格及对手不同，因而在战术的具体运用方法上也各不相同。

1. 发球强攻战术

（1）快攻类

①对付快攻打法的战术：反手发侧上、下旋球至对方中路偏右近网处，配合发大角度长球，伺机抢攻。

②对付弧圈球打法的战术：正手发转与不转的球至对方右角或中路近网处，配合发长球至对方左方，伺机抢攻。

③对付削球打法的战术：正手发右侧上旋急球至对方右大角或中路，配合发直线近短球

或长球，伺机抢政。

（2）弧圈类

①对付快攻打法的战术：反手发右侧上、下旋短球至对方正手中路，结合发强烈上、下旋长球至两角后抢位或抢冲。

②对付弧圈球打法的战术：侧向或正手发左侧上、下旋球至对方正手近网处，配合发底线侧上旋球，伺机抢攻。

③对付削球打法的战术：正手或侧身发转与不转球至对方正手中路近网处，配合发侧上、下旋底线长球后抢位或抢冲。

（3）削攻类

①对付快攻打法的战术：正手或侧身发左侧上、下旋球至对方反手短路或刚出台处，然后抢攻或抢冲其中路或反手。

②对付弧圈球打法的战术：正手发转与不转球至对方正手中路近网处，然后抢攻或抢冲其中路或反手。

③对付削球打法的战术：正手发下蹲或左、右侧上、下旋转至对方中路，然后抢攻。

2. 对攻和拉攻战术

（1）快攻类

①对付快攻打法的战术：紧压反手，结合变线，伺机抢攻。

②对付弧圈球打法的战术：加、减力推压对方中路或反手，伺机抢攻。

③对付削球打法的战术：连续拉对方反手后，突击中路或直线，然后扣杀两大角。

（2）弧圈类

①对付快攻打法的战术：运用高吊弧圈，拉住对方反手后，找机会抢冲对方正手位。

②对付弧圈球打法的战术：用近合快拨、快推压对方中路或反手后，伺机反拉或冲、扣。

③对付削球打法的战术：拉不同旋转和长、短落点的弧圈球后，伺机冲、扣中路或反手。

3. 搓攻战术

（1）快攻类

①对付快攻打法的战术：以快搓加转长球为主，结合拦转与不转短球至对方反手，伺机突击或抢先拉起。

②对付弧圈球打法的战术：以快搓转与不转短球为主，结合突然搓对方反手底线长球，找机会"快点"或抢攻。

③对付削球打法的战术：发快搓转与不转球至不同落点，伺机突击中路或两大角。

（2）弧圈类

①对付快攻打法的战术：搓加转短球结合搓加转底线两角长球后，伺机拉高吊或前冲弧圈至对方中路或反手位。

②对付弧圈球打法的战术：搓转与不转短球结合快搓加转底线反手长球后，伺机拉高吊或前冲弧圈至对方中路或反手位。

③对付削球打法的战术：以搓对方反手、中路为主，结合搓正手台内短球后，伺机拉高

吊或前冲弧圈球至对方中路或反位。

（3）削攻类

①对付快攻打法的战术：搓加转球至对方反手大角后，攻对方中路、正手。配合搓对方正手后，攻对方的反手、中路。

②对付弧圈球打法的战术：快搓不同旋转和落点后，突然搓加转长球至对方反手底线，伺机突击或拉弧圈球。

③对付削球打法的战术：轮换发球法战术。

4. 接发球战术

（1）快攻类

①对付快攻打法的战术：削一板或"快点"击对方反手位，配合突然变正手与中路。

②对付弧圈球打法的战术：以快搓短球为主结合快搓底线长球进行控制，然后抢先拉起或突击。

③对付削球打法的战术：连续摆短球至对方中路或正手，再突然拉起变对方中路。

（2）弧圈类

①对付快攻打法的战术：以快搓加转近网短球为主，结合搓两大角长球。

②对付弧圈球打法的战术：以先拉高吊弧圈至对方反手为主，形成主动拉、冲的局面。

③对付削球打法的战术：接发球抢位或抢冲。

（3）削攻类

①对付快攻打法的战术：用加转搓球至对方反手大角，配合送转与不转长球至对方正手。

②对付弧圈球打法的战术：用快搓或攻球控制对方两角后，伺机进攻或后退削球。

③对付削球打法的战术：用快攻或接发球抢拉后，再退后削球，形成相持局面。

（二）乒乓球战术的学习与运用

1. 知己知彼，有的放矢

要在摸清对手球拍的性能、基本打法、技术、战术运用特点和特长技术等情况的基础上，制定出切实可行的战术方案。

2. 主动灵活，随机应变

自己的某种打法或某种战术一旦被对方适应后，就需要采用旋转、节奏、落点等变化，给对方制造新的困难，以达到取胜的目的。

3. 以己之长，制彼之短

每个人都有自己的打法和风格，如有的发球好，有的善于快攻等。在比赛时，要充分发挥自己的长处，抓住对方弱点，力争在比赛中占据主动，争取胜利。

4. 勤于观察，善于分析

乒乓球比赛时，随着场上战局的变化，应注意分析对方的心态，及时调整和改变自己的战术，破坏对方的作战意图，从心理上给对方施加一定的压力。

五、乒乓球运动比赛规则和欣赏

（一）场地和器材

1. 球

球为黄色（或白色），直径为 40 mm，重 2.6～2.8 g，是以高分子聚合物为原料的无缝塑料球。

2. 球拍

球拍的大小、形状或重量不限。海绵胶皮连同黏合剂厚度不超过 4 mm。拍面一面为鲜红色，一面为黑色。

3. 球台

球台长 2.74 m，宽 1.525 m，离地面高 76 cm，沿台面边缘有一条 2 cm 宽的白线。双打时，台面中间由一条 3 mm 宽的白线分为两个相等的"半区"。

（二）乒乓球竞赛规则简介

1. 定义

①回合：球处于比赛状态的一段时间。

②球处于比赛状态：从发球时，球被有意向上抛起前，静止在不执拍手掌上的一瞬间，到该回合被判得分或重发球。

③重发球：不予判分的回合。

④一分：判分的回合。

⑤执拍手：正握着球拍的手。

⑥不执拍手：未握着球拍的手。

⑦击球：用握在手中的球拍或执拍手手腕以下部分触球。

⑧阻挡：对方击球后，处于比赛状态的球尚未触及本方台区也未超过比赛台面或其端线，即触及本方运动员或其穿戴的任何物品。

⑨发球员：在一个回合中，首先击球的运动员。

⑩接发球员：在一个回合中，第二个击球的运动员。

⑪裁判员：被指定管理一场比赛的人。

⑫裁判助理：被指定在某些方面协助裁判员工作的人。

⑬运动员"穿或戴"的任何物品，包括他在一个回合开始时穿或戴的任何物品。

⑭球从突出台外的球网装置之下或之外经过，或回击的球越过球网后又回弹过网，均应视作已"超过或绕过"球网装置。

⑮球台的"端线"包括端线两端的无限延长线。

2. 合法发球

①发球时，球应放在不执拍手的手掌上，手掌张开和伸平。球应是静止的，在发球方的端线之后和比赛台面的水平面之上。

②发球员须用手把球几乎垂直地向上抛起,不得使球旋转,并使球在离开不执拍手的手掌之后上升不少于16 cm。

③当球从抛起的最高点下降时,发球员方可击球,使球首先触及本方台区,然后越过或绕过球网装置,再触及接发球员的台区。在双打中,球应先后触及发球员和接发球员的右半区。

④从抛球前球静止的最后一瞬间到击球时,球和球拍应在比赛台面的水平面之上。

⑤击球时,球应在发球方的端线之后,但不能超过发球员身体(手臂、头或腿除外)离端线最远的部分。

⑥运动员发球时,有责任让裁判员或副裁判员看清他是否按照合法发球的规定发球。

⑦如果裁判员怀疑发球员某个发球动作的正确性,并且他或者副裁判员都不能确信该发球动作不合法,一场比赛中此现象第一次出现时,裁判员可以警告发球员而不予判分。

⑧在同一场比赛中,如果运动员发球动作的正确性再次受到怀疑,不管是否出于同样的原因,不再警告而判失一分。

⑨任何时候,只要发球员明显没有按照合法发球的规定发球,他将被判失一分,无须警告。

⑩运动员因身体伤病而不能严格遵守合法发球的某些规定时,可由裁判员做出决定免予执行,但须在赛前向裁判员说明。

3. 合法还击

对方发球或还击后,本方运动员必须击球,使球直接越过或绕过球网装置,或触及球网装置后再触及对方台区。

4. 比赛次序

①在单打中,首先由发球员合法发球,再由接发球员合法还击,然后两者交替合法还击。

②在双打中,首先由发球员合法发球,再由接发球员合法还击,然后由发球员的同伴合法还击,再由接发球员的同伴合法还击,此后,运动员按此次序轮流合法还击。

5. 重发球

出现下列情况应判重发球:

①如果发球员发出的球,在越过或绕过球网装置时触及球网装置,此后成为合法发球或被接发球员或其同伴阻挡。

②如果接发球员或同伴未准备好时,球已发出,而且接发球员或其同伴均没有企图击球。

③由于发生了运动员无法控制的干扰,而使运动员未能合法发球、合法还击或遵守规则。

④裁判员或副裁判员暂停比赛。

⑤在双打时,运动员错发、错接。

可以在下列情况下暂停比赛:

①要纠正发球、接发球次序或方位错误。

②要实行轮换发球法。
③警告或处罚运动员。
④比赛环境受到干扰，以致该回合结果有可能受到影响。

6. 一分

除被判重发球的回合，下列情况得一分：

①对方未能合法发球。
②对方未能合法还击。
③选手在发球或还击后，对方在击球前，球触及了除球网装置以外的任何东西。
④对方击球后，该球越过本方端线而没有触及本方台区。
⑤对方阻挡。
⑥对方连击。
⑦对方用不符合要求的拍面击球。
⑧对方或他穿戴的任何东西使球台移动。
⑨对方或他穿戴的任何东西触及球网装置。
⑩对方不执拍手触及比赛台面。
⑪双打时，对方击球次序错误。
⑫执行轮换发球法时，接发球方或其双打同伴，包括接发球一击，完成了13次合法还击。

7. 一局比赛

在一局比赛中，先得11分的一方为胜方，10平后，先多得2分的一方为胜方。

8. 一场比赛

①一场比赛一般采用五局三胜制或七局四胜制。
②一场比赛应连续进行。但在局与局之间，任何一名运动员都有权要求不超过2分钟的休息时间。

（三）如何欣赏乒乓球比赛

自1988年乒乓球被列入奥运会比赛项目以来，很多国家给予较高的重视，世界乒乓球运动也发展到了很高的水平，各级各类的比赛受到了乒乓球爱好者的关注。乒乓球比赛是智力与体力的较量，随着国家之间交流的频繁，训练方法、技战术特点等已无秘密可言，彼此之间相互很了解，各国球队之间的差距日益缩小，比赛显得愈发紧张、激烈，冷门时常发生，悬念迭起。

1. 欣赏乒乓球基本技术

乒乓球有各种各样的打法，不管是什么打法，战术如何变化，乒乓球基本技术离不开5个基本因素，即力量、速度、旋转、落点、弧线。

力量：力量作用于球，是通过球的前进速度和旋转强度表现出来的。如果你在进攻当中猛力扣杀，使对方接不好，那么你就要打得有力量。如果你要加强旋转的强度，无论是制造上旋或下旋，那么你一定要用力摩擦球。

速度：为了尽量减少对方的准备时间，必须争取在最短的时间内把球回击到对方的台面上，使对方措手不及。

旋转：为了增加对方还击的难度，还可以制造各种旋转球，迫使对方回球失误后出机会球。

落点：乒乓球台不大，要使自己打过去的球更具威力，必须要调动对方使其移动或奔跑。因此，需要讲究落点。

2. 欣赏乒乓球运动员的智慧

乒乓球比赛既是基本技术和战术的较量，也是智慧的较量。每局比赛中，何时应该加力或减力，何时采用上旋或下旋，以及球的落点和方向，这些都需要运动员在比赛中保持清醒的头脑，根据对手的特点和比赛的进程适时地采取果断而奏效的打法。因此，在乒乓球比赛中，运动员的智慧及临场发挥水平直接影响着比赛的胜负。

3. 欣赏乒乓球运动员超越自我的体育精神

有成功者必然就有失败者，乒乓球赛场上的每一分，都体现了运动员的拼搏精神。赛场上没有不可能，每一位选手都在用自己的努力证明这句话。奥林匹克的格言是"更快、更高、更强——更团结"，但绝不是只以成败论英雄。运动员们之间的惺惺相惜、相拥而泣，是奥林匹克精神的体现。

六、评价内容与标准

结合乒乓球运动的学习目标和要求，可以依据表 3-1-1 对学生乒乓球运动能力进行综合评价。

表 3-1-1 乒乓球运动能力评价标准

评价类别	评价内容	评价方法	评价标准
发球	平击球；正手发上旋、侧旋、侧上旋	每人发 10 次球（发指定区域）	及格：5～6 次； 良好：7～8 次； 优秀：9～10 次
推挡球	两人一组，计直拍推挡球或横拍拨挡球的次数，计时 1 分钟	如失误就停表，开始后继续开表计时，直至 1 分钟，失误 1 次扣除 2 次	及格：15～34 次； 良好：35～49 次； 优秀：50～55 次
正手快攻	两人一组，计连续正手攻球次数，计时 1 分钟	如失误就停表，开始后继续开表计时，直至 1 分钟，失误 1 次扣除 2 次	及格：15～29 次； 良好：30～44 次； 优秀：45～60 次
搓球	两人一组，计连续搓球成功次数，计时 1 分钟	搓球失误即测试停止	及格：10～20 次； 良好：21～26 次； 优秀：27～33 次

续表

评价类别	评价内容	评价方法	评价标准	
体能	10 m×4 往返跑	计时，以成绩计算	男生 及格：11″1～13″4； 良好：10″1～11″0； 优秀：9″6～10″0	女生 合格：12″1～14″4； 良好：11″1～12″0； 优秀：10″6～11″0
	1 分钟跳绳		男生 及格：110～149 个； 良好：150～169 个； 优秀：170～190 个	女生 及格：120～159 个； 良好：160～179 个； 优秀：180～200 个
组合技术	左推右攻		男生 及格：15～34 次； 良好：35～44 次； 优秀：45～55 次	女生 及格：14～29 次； 良好：30～39 次； 优秀：40～50 次
实战	比赛中技术运用		及格：具有一定的攻防意识和运用已学技术的能力； 良好：具有较好的攻防意识和实际运用能力，有较好的比赛作风； 优秀：攻防意识和实际运用技术的能力较强，有很好的比赛作风	

第二节　羽毛球

> **学习目标**
>
> ① 了解羽毛球运动的文化和基础知识，知道羽毛球运动的特点与价值。
> ② 掌握基本的羽毛球技术、单双打比赛规则，能够运用规范的技术动作参与羽毛球运动。
> ③ 培养对羽毛球运动的爱好和兴趣，帮助学生形成规则意识，能够经常参与羽毛球运动。

一、羽毛球运动概况

（一）起源

羽毛球运动跟大多数体育运动一样起源于民间体育活动。《民族体育集锦》记载："中国远古时期有类似羽毛球游戏的活动存在,这种活动分布在中国西南地区,至少有七个民族做过这种活动。"现代羽毛球运动起源于英国。相传 1860 年英国格洛斯特郡的伯明顿庄园举行了一次宴会,由于下雨,大家只能待在室内无法进行预期的户外活动,来宾中有几位从印度回来的退役军人在场地中间拉起了一根绳子代替网,向大家介绍了一种隔网用拍子来回击打毽球的游戏,大家对此产生了非常浓厚的兴趣。后来这个游戏作为种娱乐性的活动迅速传遍英国,人们就以庄园的名称"伯明顿(Badminton)"命名了此项运动。然而在华语地区该名称并未普及,而是依球具而称之为"羽毛球"运动。

1875 年,世界上第一部羽毛球比赛规则出现于印度的普那。3 年后,英国又制定了更趋于完善和统一的规则,当时规则的不少内容至今仍无太大的改变。1893 年,英国羽毛球协会成立,修订并统一了羽毛球比赛的规则,于 1899 年举办了全英羽毛球锦标赛。1934 年,第一个世界性的羽毛球组织——国际羽毛球联合会由加拿大、丹麦、法国、英格兰、爱尔兰、荷兰、新西兰、苏格兰和威尔士等发起,总部设在伦敦,1981 年与成立于 1978 年的世界羽毛球联合会合并,名称仍为国际羽毛球联合会。2006 年 9 月 24 日,国际羽毛球联合会改名为羽毛球世界联合会,目前共有 163 个会员国及地区。

(二)发展

1. 世界羽毛球运动的发展

世界羽毛球运动的发展,主要经历了以下几个时期。

20 世纪上半叶,羽毛球运动在欧美迅速发展;20 世纪 40 年代末至 50 年代初,亚洲羽毛球运动日益发展;60 年代中后期,中国羽毛球运动开始走向世界;70—80 年代,亚洲羽毛球运动的发展位于世界前列。

2. 中国羽毛球运动的发展

现代羽毛球运动于 20 世纪初传入中国,主要在上海、广州、天津、厦门等外国租界内和基督教青年会、教会学校中开展。1949 年,新中国成立后竞技羽毛球运动开始起步;1953 年,中国首次举办以行政区划为单位的全国"四项球类"大赛,羽毛球运动列为正式比赛项目;1958 年 9 月,中国羽毛球协会正式成立;20 世纪 60 年代,中国竞技羽毛球运动赶超世界水平时期;进入 21 世纪,中国羽毛球一直保持着世界领先水平。

(三)羽毛球运动的特点与锻炼价值

羽毛球运动是一项相互进行击球对抗的球类项目。其主要特点有不确定性、比赛无时限、快速爆发力量、瞬息万变、全方位运动。

羽毛球运动的锻炼价值有以下几个方面。

1. 提高身体的综合运动能力,增强身体素质

羽毛球运动需要参与者具备非常好的身体素质,包括协调性、灵敏性、爆发力、耐力、速度、柔韧性。参与羽毛球运动有助于参与者综合运动能力的提高,从而增强身体素质,提高免疫力,精力充沛。

2. 享受运动乐趣，调节情绪，缓解压力

羽毛球运动所带来的速度、力量的现场感觉，与电视观看羽毛球比赛的感觉是完全不一样的。由于电视拍摄角度的原因，观众会感觉运动员的移动不是很快，杀球力量也不是很大，但当你现场观看或参与羽毛球运动时，你会发现这项运动的速度和力量感受与观看电视转播完全不一样，参与者可以在羽毛球运动中挥汗如雨，尽情享受这项运动的魅力和乐趣，在挥拍大力击球、积极跑动的同时可以使人体加速分泌各种激素以调节人体代谢和生理功能，从而消除不良情绪、缓解压力。

3. 培养规则意识，提升自身修养

羽毛球比赛有比赛规则和运动礼仪，是在统一规则的情况下进行比赛。长期参与羽毛球运动可以增强参与者的规则意识，同时培养诚实、友善的品质，提高自身修养。

4. 培养抗挫折意识和进取精神

体育比赛没有常胜将军，每个人都会面对失败，要在比赛失利后找到原因，刻苦努力，改正缺点，提升自己，继续拼搏。羽毛球运动使参与者能够正确认识自己的优势和不足，并能面对失败，勇于进取。

5. 培养逻辑思维能力

羽毛球比赛不仅需要高超的技术，还需要针对不同对手制定不同的战术，对每个球和整场比赛有一个清晰的规划，因此参加羽毛球运动会培养参与者的逻辑思维能力。

二、羽毛球运动基本知识

1. 运动服装小知识

①冬季打球时，可带上长袖外套，用于打球前后身体的保暖；夏季打球时，可带上运动毛巾，用于擦汗；另外，可准备两套运动服，方便替换。

②运动鞋应选择底部相对厚实的，其对跑动、急停时产生的震动能起到一定的缓冲作用，有利于保护膝、踝关节。袜子应选择棉质的，尼龙袜不吸汗，跑动时脚容易在鞋内打滑。

2. 如何选择球拍

①检查拍子的整体结构。挥动拍子是否震手。如震手，则说明拍子的拍杆太硬；如不震手，则说明拍杆较有弹性。

②根据个人情况选择球拍。攻击型选手可选加长型、稍重的中硬性球拍；防守型选手可选择标准长度、较轻的球拍。

③根据每个人手形的大小挑选拍柄，以握住拍柄感觉舒适为宜。正规羽毛球拍的拍柄尺寸有 G2、G3、G4 和 G5 等。G2 拍柄最粗，G3 适中，G4 相对细一些，G5 最细。

④羽毛球拍头有传统的蛋形和头部为方形的平头拍框。球拍的形状决定其甜区（球拍面的最佳击球区）的大小，而甜区直接关系到击球威力和控球性。方形的平头拍框甜区大。

⑤羽毛球拍的材质可分为铝合金、石墨、钛（碳）合成纤维等。一般来说，碳素球拍最轻，是目前的主流材料。对于初学者来说，选择合成金属、铝合金或是铝碳一体材质的球拍

较合适。

3. 拍弦的学问

拍弦的松紧度应根据使用者个人力量的大小来决定。一般情况下，击球力量较强的男选手，拍弦可以适当绷得紧一点；击球力量较弱的女选手，拍弦选用松一点的为好，这样拍弦给球的弹力效应较好，可将球击得更远。

三、羽毛球运动基本技术

（一）握拍法

羽毛球握拍法分为正手握拍法和反手握拍法。

1. 正手握拍法（以下均以右手握拍为例）

握拍时，先用左手拿住拍颈，使拍面与地面垂直。再张开右手掌，虎口对准拍柄侧面内沿，拇指与中指接近，食指稍分开自然放松，其他三指自然地握住拍柄（图 3-2-1）。

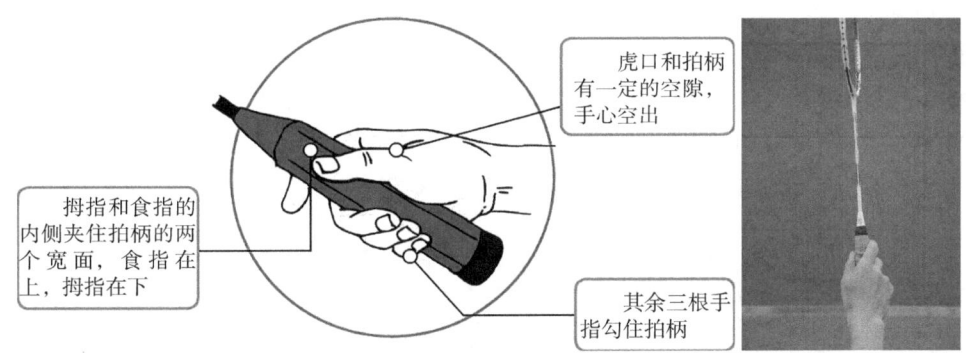

图 3-2-1　正手握拍法

2. 反手握拍法

在正手握拍的基础上，拍柄稍向外转，食指收回，拇指第二指节贴在拍柄内侧的宽面上，其余四指并拢握住拍柄（图 3-2-2）。

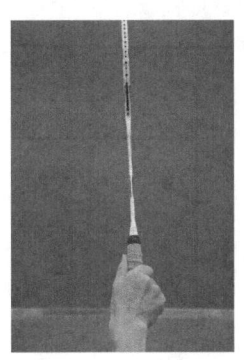

图 3-2-2　反手握拍法

（二）发球

发球是羽毛球运动的一项基本技术。按基本姿势划分，发球可分为正手发球和反手发球。

按发出的球在空中飞行的弧线划分，发球可分为高远球、平高球、平快球、网前球（图3-2-3）。

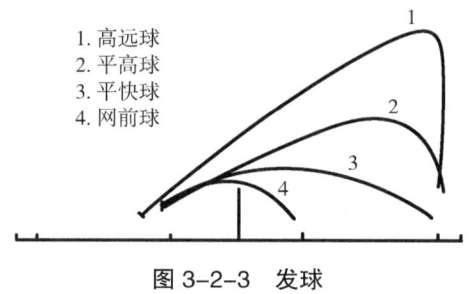

图 3-2-3　发球

1. 正手发高远球

发球时，左手把球举在身体的右前方自然放下，右手同时持拍由大臂带动小臂，从右后方沿着身体向前并向左上方挥动。当球落到右手臂向前下方伸直能触到的一刹那，握紧球拍，并利用手腕的力量向前上方发力击球（图3-2-4）。

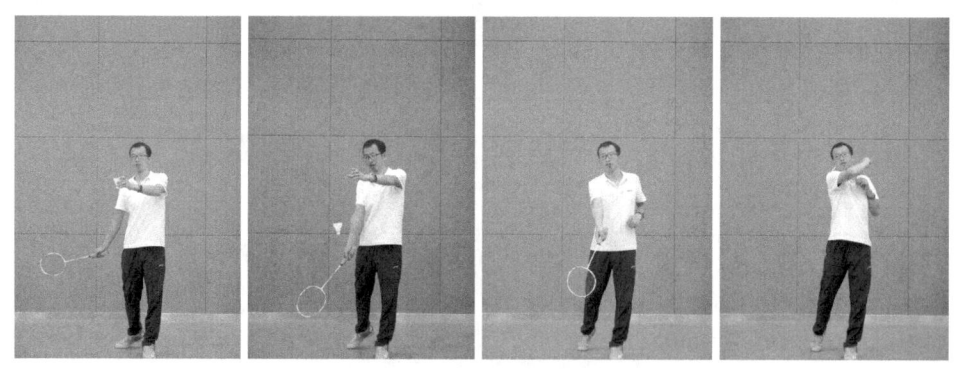

图 3-2-4　正手发高远球

2. 正手发平高球

与正手发高远球相同，但需减小手腕向上发力，增加向前送击动作。

3. 正手发网前球

正手发网前球时，握拍要放松，上臂动作要小，主要靠前臂带动手腕向前切送，球的弧线要贴网而过，落点在发球区内的前发球线附近。

4. 反手发网前球

反手发网前球时，反手握拍向后回旋引拍，前臂向前上方推送，同时带动手腕由屈到微伸向前摆动，利用拇指力量向前推顶球拍，用球拍对球托作横切推送，使球贴网而过。正好落在对方前发球线附近的发球区内（图 3-2-5）。

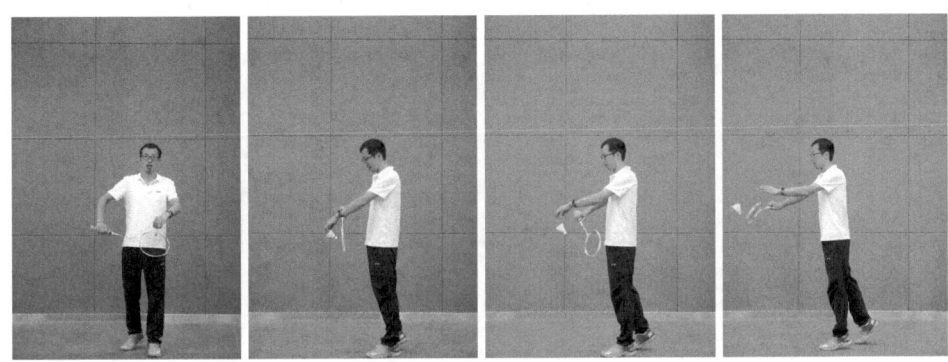

图 3-2-5　反手发网前球

5. 反手发平高球

准备姿势与反手发网前球相同，但发球时手腕闪动发力向前上击球。注意拍面与球的接触角度。

（三）接发球

接发球和发球一样，都是羽毛球运动最基本的技术，在比赛中同样起着重要作用。

1. 单打接发球的站位和姿势

（1）站位

单打站位于离前发球线 1.5 m 处。在右发球区要站在靠近中线的位置；在左发球区则站在中间位置。主要是防备对方直接进攻反手部位。

（2）姿势

一般左脚在前，右脚在后，双膝微屈，收腹、含胸，后脚脚跟稍抬起。身体半侧向球网，球拍举起在身前，两眼注视对方。

2. 双打接发球的站位和姿势

（1）站位

由于双打发球区比单打发球区短 0.76 m，发高远球易被对方扣杀，所以双打发球多发网前球。接发球时，要站在靠近前发球线的地方。

（2）姿势

双打接发球准备姿势和单打接发球姿势基本相同，略不同是身体前倾较大，身体重心可以随意放在任意脚，球拍举得高些，注意力高度集中。

（四）击球法

击球法有很多技术动作，根据这些技术动作的特点，大致可分为高手击球、网前击球和低手击球三大类。

一般将击球点高于头部的击球称为高手击球。按技术特点和球飞行弧度的不同，高手击球主要为高远球、平高球、扣杀球和吊球等（图3-2-6）；网前击球主要为搓球、推球、钩球、扑球、挑球等；低手击球主要为抽球、接杀球。

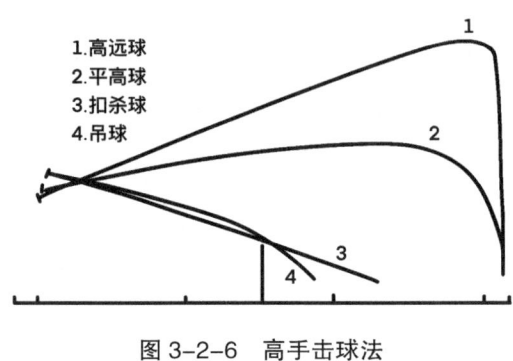

图3-2-6　高手击球法

1. 高手击球

（1）高远球

高远球分正手击高远球和反手击高远球两种。

正手击高远球：判断好来球的方向和落点，侧身对准球落点（一般为头顶上方），抬头、挺胸、引拍，后脚蹬地，转体收腹，以肩为轴，上臂带动小臂快速向前上方甩腕，在伸直手臂的最高点击球（图3-2-7）。

图3-2-7　正手击高远球

反手击高远球：背向球网，以反手握拍引拍；击球点在右肩上方，手腕经前臂内旋至加速伸腕闪击，击球的刹那握紧把柄，拇指顶压，将球击出（图3-2-8）。

图 3-2-8　反手击高远球

（2）平高球

击球方法与击高远球基本相同，不同点在于击球时拍面的仰角小于高远球的拍面仰角，球的飞行弧度以对方不能拦截为前提，旨在加快球的落点速度。

（3）吊球

吊球是把对方击过来的中后场高球还击到对方的网前，在区域、落点节奏、力量上突然变化，以调动对方，打乱对方阵脚的一种技术。吊球时，引拍对准来球，在额前上方蹬转击球，小臂带动手腕斜压球侧，手腕主动快速击球（图 3-2-9）。

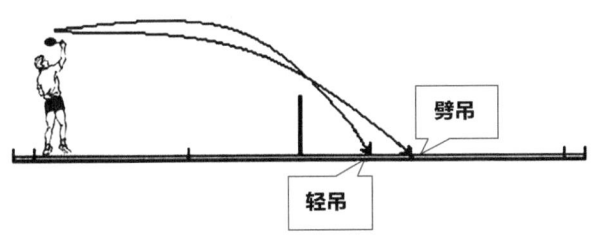

图 3-2-9　吊球

（4）扣杀球

扣杀球是把高球在尽量高的击球点上，用大力挥击下压到对方场区内的一种技术。扣杀球击出的球力量大、弧线直、下落快，是一项主要的进攻技术。

扣杀球时，侧身转体引拍，上体后仰，挺胸成反弓形，蹬转、收腹、发力，击球于肩的前上方。击球时，应充分发挥腰腹、肩臀、手腕和手指的力量，击球后重心落在前脚上，并尽快还原动作。

2. 网前击球

网前击球由搓、推、钩、扑等技术组成，变化较多。各种技术又分为正手击法、反手击法。网前击球时，握拍要灵活，需充分利用腕、指的力量控制球路和落点，击球点要高，步法要快，搓、推、钩的动作一致性要强。

（1）放网前球

将对方的吊球或网前球用球拍轻轻一托，使球一过网顶就朝下坠落。

（2）搓球

利用"搓""切""挑"的动作，摩擦球托底部，使球沿横轴翻滚越过网顶。搓球时，击球点较高（约与肩同高）。

（3）推球

在网前较高的击球点上，用推击的方法往对方底线击出弧度较平、速度较快的球。

（4）钩球

在网前回击对角线的球。

（5）扑球

对方发网前球或回击网前球时，球刚越网顶便迅速上网向斜下扑压。

（6）挑球

把对方击出的吊球或网前球挑高，回击到对方后场。

3. 低手击球

低手击球没有高手击球的威力大，属于防守技术，难度较大。如发挥得当，则具有防中有攻的效果。

（1）抽球

击球在肩以下，以躯干为纵轴发力，做半圆式的挥拍击球动作。抽球是应付对方长杀、半场球及平球对攻的反攻技术。

（2）半蹲快打

当对方杀球时，我方站位要靠近网前，采用半蹲姿势，将来球的方位调整在肩上方，将球快速地平击回去。

（3）接杀球

接对方杀球时的击球动作，有挡网前、钩对角线球和抽高球等几种回击技术。

（五）基本步法

羽毛球步法是一项重要的技术，步法的好坏直接关系到击球的质量。常用步法有跨步、垫步、蹬跨步、交叉步等（表3-2-1）。步伐的技术环节为起动→移动→到位击球→回动。

表 3-2-1 羽毛球基本步伐

步伐		动作要领及运用	图示
前进步伐	跨步	左脚先向来球方向跨一步，然后右脚向前跨出一大步到位击球。跨步一般用于接网前球	

续表

步伐		动作要领及运用	图示
前进步伐	垫步	当右脚向前迈出一步后，左脚接着向同一方向再迈一步。垫步一般用于调整步距	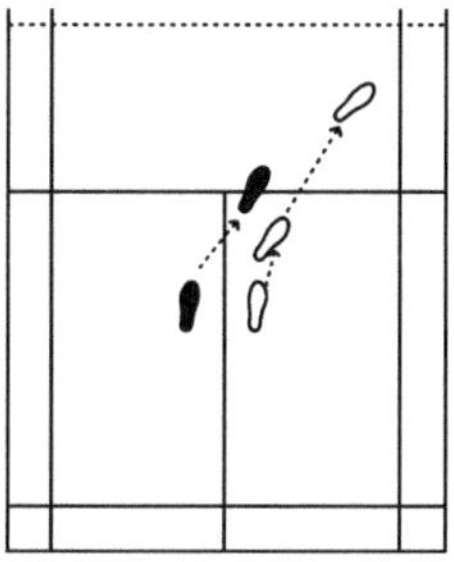 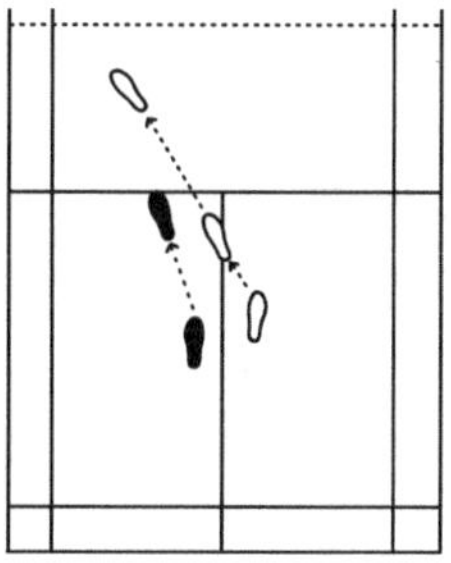
	蹬跨步	起动后左脚后蹬，接着侧身，右脚向球的方向跨出一大步击球	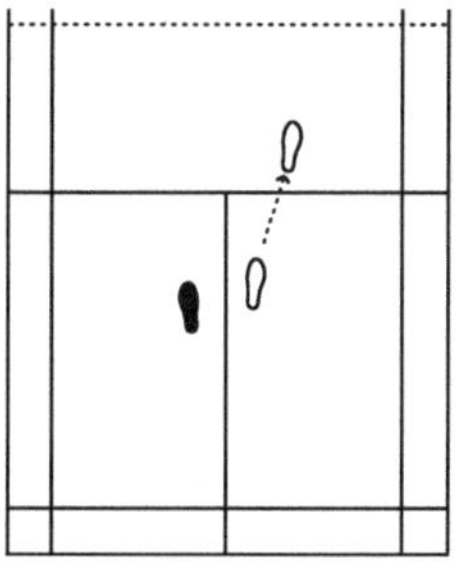 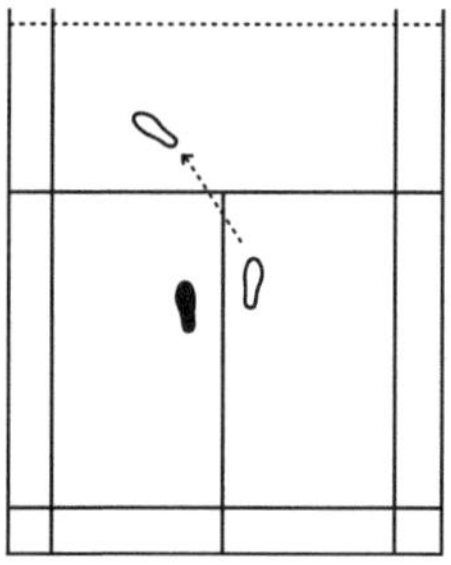
中场步伐	左右侧蹬跨步	在移动的最后一步，左脚用力向后蹬的同时，右脚向来球方向跨出一大步。蹬跨步多用于上网击球，在后场底线两角移动抽球时也常使用	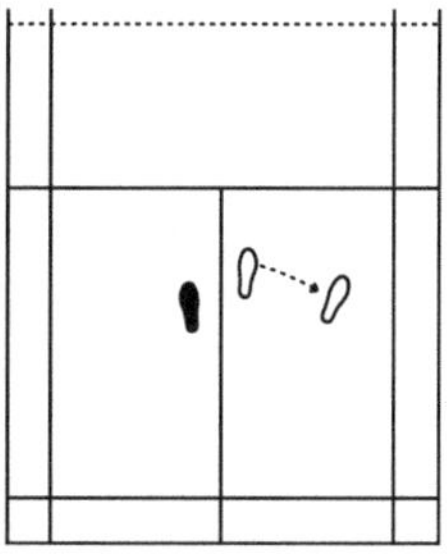 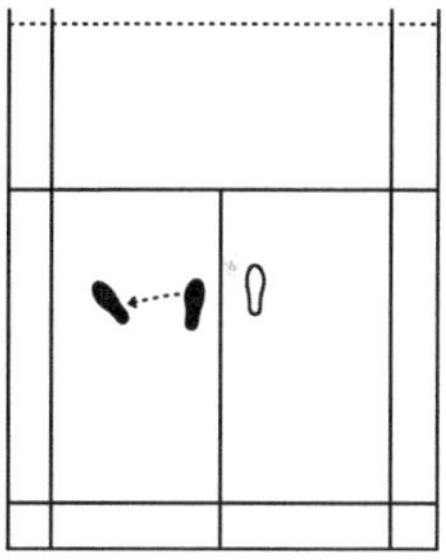
后退步法	交叉步	左右脚交替向前、向两侧或向后移动。交叉步一般在后退打后场球时运用得较多	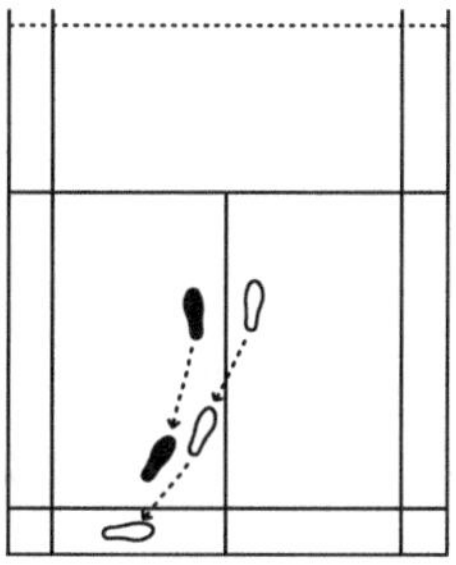 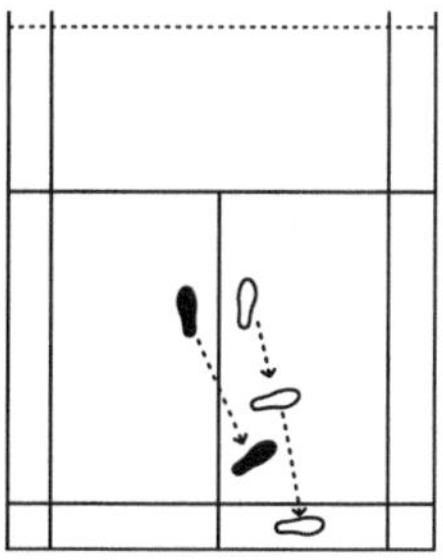

四、羽毛球运动基本战术

羽毛球比赛时，无论单打还是双打，都应该善于运用自己的优点，针对对方的缺点和场上不同情况运用不同的战术。

（一）单打战术

1. 发球抢攻战术

利用多变的发球技术配合发平快球和网前球，先发制人，取得主动。争取第三拍主动进攻机会。

2. 攻后场战术

运用打高远球和平高球技术，压对方底线两角，造成对方被动，自己伺机进攻。

3. 攻前场战术

自己具备网前击球的较好技术，把对手吸引到网前，然后再攻击其后场。

4. 攻反手战术

由于反手力量小，击出的球进攻性差，球路比较简单。可拉开对方位置，把球打到对方反手区，迫使对方使用反拍击球。

5. 打四方球战术

运用快速、准确的平高球、吊球打对方场区的4个角落，使对方前后奔跑，被动应付。待对方出现漏洞和回球质量下降时进攻突击。

6. 打对角线战术

根据对方移动慢的弱点，攻打其对角线，使对方被动。

7. 杀、吊上网战术

对打过来的后场高球，本方先以杀球配合吊球将球下压到对方两边附近，使对方被动回球。如对方还击网前球，便迅速上网运用网前击球技术；如对方在网前挑高球，可在其后退途中直接杀追身球，主要注意杀吊球的落点。

8. 守攻转换战术

在对方主动进攻，我方防守时，可抓住对方体力下降、攻势减弱的漏洞，扭转被动局面。

（二）双打战术

1. 攻人战术

两人集中攻击对方中弱的一方，并快速找出另一人的空当，或对此人进行偷袭。

2. 攻中路战术

我方进攻时，无论对方站位如何，都集中攻对方中路（两人之间），并使球靠近防守能力差的一侧或在中线上。此战术可使对方出现抢球或漏球，可限制对方挑出大角度的球路，有利于我方网前的封网。

3. 攻后场战术

当对方后场扣杀能力差时，可采用平高球、推平球、接杀挑底线，把一人逼在底线两角移动。当对方被动还击时，抓住机会大力扣杀。当另一对手后退援助时，即可攻击网前空当。

4. 后攻前封战术

当本方队员主动进攻时，后场见高就杀，前场队员积极移动以配合封网扑球。

五、羽毛球运动比赛规则和欣赏

（一）羽毛球运动比赛规则

1. 场地介绍

羽毛球场地长 13.40 m，双打宽 6.10 m，单打宽 5.18 m，双打球场对角线长为 14.723 m，单打球场对角线长为 14.366 m。理想的羽毛球比赛场地是用弹性的木材拼接而成（只要不是把小木块竖着拼接即可）。国际比赛中已采用化学合成材料作为可移动的塑胶球场。

羽毛球球网长 6.10 m，宽 76 cm，用深色优质的天然或人造纤维细绳制成。网孔为方形，边长为 15～20 mm，网的上沿缝有 75 mm 宽的双层白布，把细钢丝绳或尼龙绳从白布夹层中穿过，然后牢固地张挂在两根网柱之间。球场中央网高 1.524 m，球网两端高 1.55 m。球网的两端必须与网柱系紧，它们之间不应有缺缝。

2. 羽毛球介绍

羽毛球应有 16 根羽毛固定在球托部，羽毛长 64～70 mm，每一个球的羽毛从托面到羽毛尖的长度应一致。羽毛顶端围成圆形，直径为 58～68 mm，球托直径为 25～28 mm，底部为圆形，羽毛球重 4.6～5.5 g。而对于非羽毛制成的球，则要求制成裙状，质量、性能不得超过 10% 的差距。

3. 比赛的计分方法

①羽毛球正式比赛采用三局两胜制，胜两局的队胜一场。一局比赛中，先得 21 分的一方胜一局。

②一方在其对方"违例"或球触及对方场区的地面而成死球时，赢得该回合 1 分。

③在一局比赛中，比分为 20：20 时，领先 2 分的一方胜该局。

④在一局比赛中，比分为 29：29 时，先得第 30 分的一方胜。

⑤一局的胜方在下一局首先发球。

4. 交换场区

在以下情况下，运动员应交换场区：第一局结束；第二局结束；在第三局中，一方得 11 分时。如果运动员未按规定交换场区，一经发现，在死球时立即交换，已得比分有效。

5. 单、双打发球与接发球规则

单打发球和接发球区、击球顺序和位置如下。

①一局中，发球员的分数为 0 分或双数时，双方运动员应在各自的右发球区发球或接发球。

②一局中，发球员的分数为单数时，双方运动员应在各自的左发球区发球或接发球。

③击球顺序和位置。一个回合中，发球员和接发球员在网的己方任何位置交替击球，直至成死球。

④得分和发球。发球员胜一回合，则得 1 分。随后，发球员再从另一发球区发球。接发球员胜一回合，则得 1 分。随后，接发球员成为新发球员。

双打发球和接发球区、击球顺序和位置如下。

①当发球方的分数为 0 分或双数时，发球员应从右发球区发球。

②当发球方在该局的分数为单数时,发球方应从左发球区发球。
③发球方上次发球的运动员应在原发球区接发球,其同伴的站位与其相反。
④接发球员应是站在发球员斜对角发球区的运动员。
⑤发球方每得1分,原发球员变换发球区再发球。
⑥击球顺序和位置。一个回合中,发球被回击后,发球方的任何一个人和接发球方的任何一个人在网的己方任何位置交替击球,直至成死球。
⑦双打得分和发球规则与单打相同。

6. 死球
①球撞网并挂在网上或停在网顶。
②球撞网或撞网柱后开始向击球者这一边地面落下。
③球触及地面。
④宣告了"违例"或"重发球"。

(二)如何欣赏高水平羽毛球比赛

羽毛球比赛对抗激烈,攻守变化快,场上瞬息万变,是双方技艺、体力、智慧的抗衡。

技战术是欣赏羽毛球比赛的重要内容。优美、高超的技术和配合默契的战术及运动员在比赛中的超水平发挥,令人赏心悦目并能激起观众高昂的情绪。例如,在双打比赛中,后场队员积极大力扣杀创造机会,在对方接杀放网、挑高球或企图反击抽球时,前场队员以扑、搓、钩、推技术控制网前,或拦截吊、点封住前半场,使整个进攻连贯而又有节奏变化,让对方防不胜防。再如,当对方发或击后场高球不到位时,是己方发动抢攻极好的时机,这时就要运用自己最擅长的击球技术,抓住对方的弱点,果断大胆地抢攻。抢攻战术的完成有时要有几拍抢攻球路的组织才能奏效。所以,一旦发动抢攻,就要加快速度,扩大控制面,抓住对方的弱点或习惯路线一攻到底,一气呵成,赢得比分或发球权。

在高水平的羽毛球比赛中,运动员的控制能力、应变能力、技巧运用及在比赛中所表现出的意志、品质也是欣赏的重点。高水平运动员在复杂对抗的条件下或在攻防处于劣势的情况下,也能较好地完成教练布置的作战意图,争取比赛主动权,反败为胜。他们随机应变,创造出许多新的默契的巧妙战术。这些能力和技巧也是看点,里面蕴涵很多学问,在比赛中,应注意观察运动员的内在表现力、意志力、想象力、创造力和艺术感染力。例如,利用身体、眼神、步法移动与手腕等常见的假动作来干扰对方的判断,若是运用得当,既可以节省体力,又能收到佯攻诈取之效。有的运动员在连续扣杀进攻毫无进展的情况下,突然用一个轻吊网前对角使对手措手不及而得分。而网前的一些假动作更是让人防不胜防,令观众拍案叫绝。

教练员的临场指挥也是一大看点。在羽毛球比赛期间,经常看到教练员根据比赛中双方的实际状况,及时帮助运动员调整技战术和心理状态,特别是指导运动员在被动的情况下如何转败为胜。观看教练员如何运筹帷幄、处乱不惊,也会给观众留下深刻的印象。

六、评价内容和标准

结合羽毛球运动的学习目标和要求，可以依据表 3-2-2 对学生的羽毛球运动能力进行综合评价。

表 3-2-2　羽毛球运动能力评价标准

评价类别		评价内容	评价方法	评价标准
运动能力	体能	前后移动	从底线冲刺摸到网，快速退回至底线，往返 10 次计时	男生 优秀：45″ 以内； 良好：45″～48″； 及格：48″～52″； 不及格：大于或等于 52″	女生 男生标准上加 2″
		左右移动	左右冲刺触摸羽毛球场地的双打边线，往返 10 次计时	男生 优秀：32″ 以内； 良好：32″～35″； 及格：35″～38″； 不及格：大于或等于 38″	女生 男生标准上加 2″
		双摇跳绳	双摇跳绳是锻炼手腕爆发力及手脚协调能力的一种很好的锻炼方式	优秀：连续 20 次及以上； 良好：连续 10～19 次； 不及格：连续 10 次以下
	运动技能	正手发高远球	站在发球区内将球发至对方场区的双打后发球线与端线之间，左右区各发 5 次，计命中率	男生 优秀：8～10 次； 良好：5～7 次； 及格：3～4 次	女生 优秀：7～10 次； 良好：4～6 次； 及格：2～3 次
		正手击高远球	将发过来的高远球用正手在后场击打直线 10 次，将球击到对方的左或右后场双打后发球线和端线之间，计命中率	男生 优秀：7～10 次； 良好：4～6 次； 及格：2～3 次	女生 优秀：6～10 次； 良好：3～5 次； 及格：1～2 次
		正手杀直线球	从中后场将来球扣杀到对方场区中后场，共 10 次，计命中率	男生 优秀：8～10 次； 良好：5～7 次； 及格：2～4 次	女生 优秀：7～10 次； 良好：4～6 次； 及格：2～3 次

第四章　展示力与美的操舞运动

> **学习目标**
>
> ①使学生了解健身健美操运动的基本特点和运动规律，熟练掌握基本技术、成套动作及其创编方法，培养学生初步具有健美操组合动作的创编能力和创新意识。
>
> ②了解健身健美操的健身方法，能够合理应用健美操的健身知识、技术和技能自我锻炼，培养健身锻炼能力。提高学生体力、耐力、灵敏性和柔韧性等，培养良好的协调性、节奏感和表现力，塑造健康的体魄及良好的形态和精神风貌。
>
> ③通过参加健身健美操展演和竞赛实践活动，调动锻炼积极性，增强学生集体荣誉感，培养大方、自信、积极乐观的心理品质。
>
> ④通过了解竞技健美操竞赛规则、观赏高水平竞赛，提高赏析水平，培养守规则、公平、公正意识，增强民族自信心和自豪感。

第一节　形体训练

一、形体训练的内涵意义

（一）形体训练的概念

形体训练是综合性体态训练的代表，它以人体科学为基础，通过徒手或器械练习完成各种动作，是锻炼体魄、打造体态、塑造形体、培养道德品质的一个有目的、有计划、有针对性的锻炼过程。

（二）形体训练与健美操

1. 形体训练有助于学生更好更快地掌握健美操技术动作

健美操技术动作有严格的标准，如果单纯地依靠体能练习，学生对于技术动作的掌握速度较慢精准度较差，而形体训练对学生的身体姿态有较高的要求，无论是行走、站立均需严格按照要求完成，学生掌握要点后，会加快对健美操技术动作的理解。

2. 形体训练有助于学生塑造形体

健美操是形体塑造的框架，它可以充分调动起身体的各个部位，有效地结合肌肉组织与肢体器官；形体训练可调整健美操训练过程中不恰当的动作，保证学生能将每一个健美操动作做到位。在健美操教学中增设形体训练，从整体到局部对形体进行塑造。例如，形体训练中的挺胸、抬头、收腹动作，是从细节开始修正肌肉与肢体之间的协调性，对学生改善体态起到重要作用。

3. 形体训练有助于学生挖掘健美操的美感

学生在刚接触健美操时无法准确完成动作，更无法体会健美操的美感。健美操的学习需要时间的积累，通过反复多次的练习才能让动作形成自动化，学生才能逐渐领悟其美感并进行展现，这需要漫长的过程，很多学生在这种枯燥、漫长的过程中选择放弃。如果能在健美操的学习中加入形体训练，能激发学生的兴趣，活跃课堂氛围，提升学生的协调性，改善体态，就能比较容易、准确地完成健美操动作。同时，循序渐进地完成从简单到成套健美操动作，学生容易获得自信，并且这样的过程也培养了学生脚踏实地、吃苦耐劳的精神。

4. 形体训练有助于培养学生气质

形体训练是塑造人外美内秀良好气质、实现形体美的重要手段之一。有研究表明，接受过形体训练的学生，其精神风貌、品格气质与形体训练前有明显的区别。在健美操学习过程中利用高雅气质来表现美，能使健美操的艺术性、表现力更加突出，从而提高健美操学习质量。通过形体之美的塑造引导学生内在美的萌发，引发学生对美的向往和共鸣，这将实现学生体态美的全面提升，同时提升学生的审美意识和人文素养。

二、形体训练的练习方法

（一）上肢姿态练习

手臂是人体中最为轻巧、灵活的部位，这是由它的解剖特点决定的。人体常常处于工作状态，唯有手臂可以自由进行表演，因此，手臂姿态的优美程度对整体动作的艺术质量有很大的影响。上肢姿态练习主要采用靠墙站立（图4-1-1）和"十"字架（图4-1-2）两个动作。

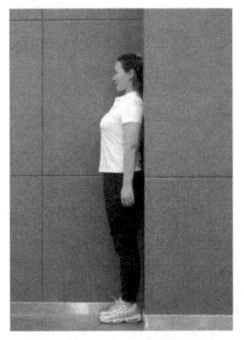

图 4-1-1　靠墙站立　　图 4-1-2　"十"字架

（二）腿部控制练习

力量控制练习能有效提升形体美感，施展动作。本部分采用阿拉C杠（图4-1-3）的动作进行练习。

图 4-1-3　阿拉 C 杠

（三）柔韧性练习

柔韧素质是人体的一种重要身体素质，发展柔韧素质不仅可以加大动作幅度，使动作更加优美、协调，还能加大动作力量，减少受伤的可能性。本部分从开肩（图 4-1-4）、正压腿（图 4-1-5）、侧压腿（图 4-1-6）、开胯（图 4-1-7）4 个动作进行练习。

图 4-1-4　开肩　　　　　　图 4-1-5　正压腿

图 4-1-6　侧压腿

图 4-1-7 开胯

第二节 走进健美操运动

一、健美操运动的概况

(一)健美操运动的概念

健美操是以身体练习为手段,以有氧运动为基础,配合音乐节奏达到增进健康、塑造形体和娱乐目的的一项体育运动。它主要发展身体各部位的协调性和柔韧性,锻炼练习者的心肺功能。

(二)健美操运动的分类

健美操运动的种类繁多,从我国健美操的分类方法来看,大部分教材主要依据健美操活动的目的和所要解决的主要任务为标准来划分,将健美操分为3类,即竞技性健美操、表演性健美操、健身性健美操。竞技性健美操的目的是获得佳绩、夺得冠军;表演性健美操的目的是娱乐、观赏,追求形体美和愉悦性;健身性健美操的宗旨是"健康第一"。本书以健身健美操为主展开介绍。

(三)健美操运动的特点

①强烈的节奏感;
②良好的安全性;
③广泛的群众性;
④不断的创新性;
⑤较强的观赏性。

二、健美操运动的基本技术

健美操运动的基本技术是健身健美操成套套路展示的根本,也是创编套路动作的基础。

基本技术

1. 基本步伐

（1）无冲击步

提踵：脚跟向上提起，然后还原。

弹动：膝关节有弹性的屈伸。

半蹲：两脚开立或并拢，屈膝。

弓步：一脚向前（侧、后）迈步屈膝，另一脚伸直。

（2）低冲击步

前脚尖（脚跟）点地：脚尖（跟）向身体前方点地（图4-2-1）。

侧点地：右脚尖点地，向右侧点出一步（图4-2-2）。

踏步：右脚开始，两脚原地交替抬起、落地。

一字步：右、左脚依次向前迈步，右、左脚依次还原并立正。

V字步：右、左脚依次向右、左斜前方迈步，右、左脚依次还原并立正（图4-2-3）。

并步：右脚向右侧迈步，右脚前脚掌并于左脚脚弓内侧，稍屈膝缓冲（图4-2-4）。

交叉步：左脚向左前侧迈步，右脚在左脚后交叉，稍屈膝，左脚再向左侧迈一步，右脚向左脚并拢（图4-2-5）。

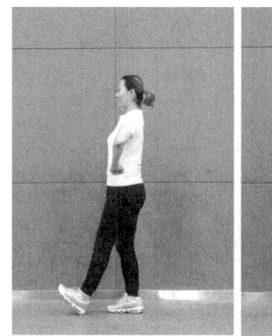

图 4-2-1　前脚尖（脚跟）点地

图 4-2-2　侧点地

图 4-2-3　V 字步

图 4-2-4　并步

图 4-2-5　交叉步

（3）高冲击步

开合跳：并立，双脚蹬地跳起、分腿落地同时稍屈膝缓冲，然后跳回至并腿立正。

小马跳：右脚向左蹬地跳起、左脚向左侧跨出落地、小跳一次，同时右脚屈膝提踵与左脚并拢。

吸腿跳：原地小跳两次，同时左脚屈膝向上抬起，然后左脚与右脚并拢。

后踢腿跳：原地小跑同时两腿依次后屈，即小腿向后折叠。

2.基本手型

并掌：五指并拢伸直（图 4-2-6）。

开掌：五指用力张开，手腕保持一定的紧张程度（图 4-2-7）。

立掌：手掌伸直并拢，用力上翘（图 4-2-8）。

拳：五指弯曲紧握，大拇指压在食指弯曲部位（图 4-2-9）。

花掌：开掌的基础上，从小指开始依次内旋，形成一个扇面（图 4-2-10）。

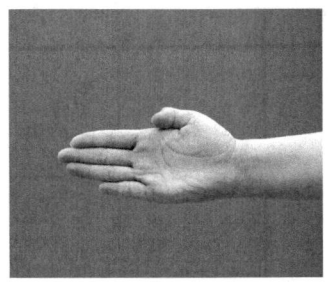
图 4-2-6 并掌

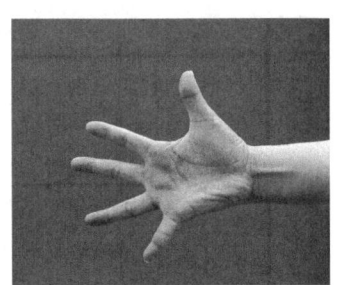
图 4-2-7 开掌

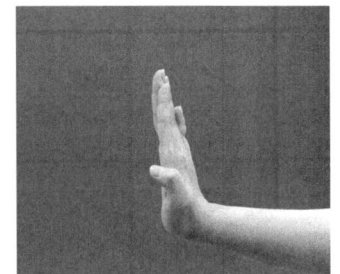
图 4-2-8 立掌

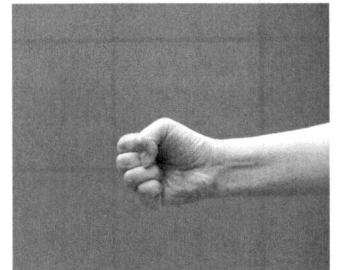
图 4-2-9 拳

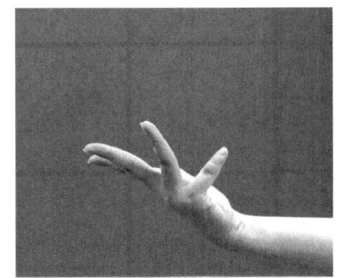
图 4-2-10 花掌

3.基本技术

（1）落地技术

该技术的最后环节是"全脚掌"着地，脚后跟先着地，然后过渡到全脚掌；或前脚掌先着地，再过渡到全脚掌，紧接着屈膝屈髋缓冲，从而使冲击力减小。

（2）弹动技术

弹动技术是健美操最重要的基本技术之一，它是由踝关节、膝关节、髋关节由下至上的缓冲产生的。一方面，利用提踵练习提高踝关节的屈伸能力；另一方面，可以通过半蹲练习提高膝关节和髋关节的屈伸能力。健美操还有一个特点就是动作富有弹性，在练习时要注意肌肉的收缩与放松，使动作富有弹性，节奏均匀，避免动作过分僵硬和关节的过度伸展。

（3）半蹲技术

健美操的半蹲技术要求上体挺直，身体重心在两腿之间，臀部向后45°，膝关节弯曲的角度不得超过90°，两脚外开，膝盖与脚尖同方向，并且膝盖的垂线不能超过脚尖。

（4）身体控制技术

①身体姿态的控制。身体姿态的控制是表现健美操"美"的关键。正确的身体姿态是建立良好健美操形态的基础，即头正直、向上顶、两眼平视、下颌略回收、两肩下沉、挺胸、收腹、立腰、提气。

②操化动作的控制。操化动作的控制是表现健美操"力"的关键，即操化动作的肌肉发力与控制。在健美操的操化动作中，要求肢体迅速运动到准确的位置，并且肌肉用力将肢体瞬间控制在一定的位置上。

三、健美操运动成套套路分析

（一）大众健美操

1. 概念

大众健美操以健身娱乐为目的，以个体条件为基础，注重参与意识和锻炼的自我检测。测定成绩只设定为"达标"与"未达标"，同时又制定了较严格的标准供参加者自我提高。在运动过程中运动负荷始终保持在有氧的范围内，使练习者达到增强体质、增进健康、塑造美的形体的目的，并形成良好的心理状态。

2. 各级别成套分析

大众健美操等级标准是针对普通大众制定的，共有 6 个级别：1 级为入门；2 级、3 级为初级；4 级、5 级为中级；而 6 级是最高级别。这 6 个级别分 4 个层级，本书仅针对前 3 个层级进行分析（表 4-2-1）。

表 4-2-1　成套动作关键点

级别	层级	面向对象	关键点
1 级	入门	大众	音乐节奏的把握、动作的力度、步伐的弹性
2 级	初级	有意参加健美操锻炼者	手型的正确性、动作的幅度、动作方位的准确性
3 级			身体的基本姿态、动作方位的准确性、组合与组合之间的衔接
4 级	中级	健美操爱好者	动作方位的准确性、手型的正确性、动作的流畅性

续表

级别	层级	面向对象	关键点
5级	中级	健美操爱好者	动作方位的准确性、动作的流畅性、动作的力度

（二）踏板操

1. 概念

踏板操动作简单易学，内容丰富有趣，动作节奏适中，比较容易掌握，能有效地提高心肺功能，具有独特的健身效果，深受广大健身爱好者的喜爱。

2. 特点

①安全性。由于踏板操主要是在踏板上不停地上下移动，跳跃性动作相对较少，使下肢关节具有明显的屈伸和缓冲，从而最大限度地避免了长时间跳跃造成的运动损伤。

②可控性。有氧运动要求运动强度始终保持在中、低水平，健身者可以根据自身条件和锻炼目的，通过调整踏板下的垫板高度来调节运动强度。

③趣味性。由于使用了踏板，动作内容大大增加，可以充分利用踏板的面及踏板的4个角度来完成上、下板的链接动作或单纯的板上运动，增加动作的趣味性。

3. 基本动作

①上肢基本动作：与徒手健美操上肢动作大致相同，包括举、屈、伸、绕、环绕、振等动作。

②下肢基本动作：横跨板、交叉步、马蹄步、跨骑步、点板步、边角步、查尔斯顿步、开合跳、一字步、V字步、X字步。

（三）搏击操

1. 概念

搏击操主要以拳击、散打、空手道的一些动作组合为基本内容，使锻炼在原有科学、安全、有效的基础上更具独有的特性与魅力。

2. 特点

①科学性。遵循有氧健身操的锻炼原则，使人的各个循环系统得到锻炼、加强。

②安全性。严格按照有氧健身操的结构进行，强度适中，运动量可以控制，动作以增进健康与避免伤害为原则。

③全面性。一个简单的搏击操动作，需要躯体的多个部位参与。

④娱乐性。在强劲有力的音乐伴奏与教师的带动下，所有练习者做着整齐有力的动作，发力间伴着有力的喊声，课堂氛围热烈，提高了练习热情。

⑤易学性。它不强调复杂的动作组合，经过简化分解，动作方向变化比较少，教学多采用慢速及分解方法，有利于练习者掌握。

3. 基本动作
①基本腿法：前踢、横踢、侧踢、后踢、跳踢、下劈。
②基本拳法：直拳、勾拳、摆拳、肘击、搁挡、劈。
③基本步伐：站立（平行站立、防守站立、前后开立）、跳动（平行跳动、前后跳动）、移动（平行移动、前后移动）、侧吸腿、防守蹲。
④基本发力：踢腿发力、出拳发力。

（四）街舞

1. 概念
街舞不是单一风格、纯粹的舞蹈，它是不同动作技巧的混合。它是集舞蹈、音乐、时装于一体的一种新概念的文化形式。街舞文化精神实质最突出的表现就是"自由"。

2. 基本技术
①弹动。街舞中身体的弹动主要体现在各个关节（踝、膝、髋、肩、肘、胸等）。首先，膝关节的弹动是对整体影响最大、运用频率最高的。膝关节的弹动动作要求大腿前股四头肌及大腿侧股二头肌有节律的交替收缩，同时始终使膝关节保持一定的弯曲角度，以便快速改变身体位置。其次，身体其他部位的弹动也要靠相关肌肉的控制及交替收缩来实现。不要出现运动关节一侧肌肉完全放松的状态，因为这样会使机体失去控制，显得松懈甚至造成关节损伤。
②控制。街舞的控制技术主要表现在肌肉的用力方式和用力顺序两个方面。街舞的多数动作有动感和力度美，为了表现这一特色，就需要频繁地使用肌肉的爆发力，因此，肌肉的松弛与紧张必须协调控制。
③移动和转换。这里主要是指身体重心的移动和转换。街舞的重心移动技术主要表现在动作方向的变化上，通过前、后、左、右的移动，使身体运动的路线发生丰富的变化。街舞的重心转换技术主要靠左右脚支撑的变化来实现，除了上肢和躯干的动作之外，这一技术动作占据了很大的比例，它使街舞动作具有律动感和技巧性。

（五）啦啦操运动

1. 概念
啦啦操是以团队形式出现，结合舞蹈、口号、特技、跳跃等动作技术，配合音乐、服装、队形变化及标识物品等要素，集中体现青春活力、健康向上的团队精神并追求团队荣誉的一项体育运动。

2. 啦啦操运动的分类
按照活动目的分为舞蹈啦啦操和技巧啦啦操两大类。

（1）舞蹈啦啦操
舞蹈啦啦操是一项在音乐的伴奏下，运用多种舞蹈元素的动作组合，结合转体、跳步等难度动作及舞蹈的过渡连接技巧，通过空间、方向与队形的变化表现出不同的舞蹈风格特点，强调速度、力度与运动负荷。它是一项展示运动舞蹈技能及团队风采的体育项目。舞蹈啦啦操包括花球舞蹈啦啦操、爵士舞蹈啦啦操、街舞舞蹈啦啦操和自由舞蹈啦啦操。

（2）技巧啦啦操

技巧啦啦操是指在音乐的伴奏下，以跳跃、托举、叠罗汉、筋斗、抛接和跳跃等技巧性难度动作为主要内容，配合口号、啦啦操基本手位、舞蹈动作及过渡连接等，充分展示队员高超的技能、技巧的团队竞赛项目。包含翻腾、托举、抛接、金字塔等难度动作。其动作比较随意，用力方向向下，音乐节奏要求明快、热情、动感、奔放，并具有震撼力和感染力。技巧啦啦操竞赛项目包括集体技巧啦啦操自选套路、五人配合技巧啦啦操自选套路和双人配合啦啦操自选套路。

3. 啦啦操运动的特点

（1）啦啦操运动的技术特点

上肢的发力点在前臂，发力速度快，制动时间短，制动之后没有延伸，身体控制精确，位置准确；动作内容丰富，没有固定的基本步伐；啦啦操动作重心较低，在做动作的过程中膝关节不完全伸直，保持微微弯曲的状态，重心稳定，移动平稳；动作完成干净利落，具有清晰的开始和结束，肢体运动中直线动作曲直分明，弧线动作流畅，具有更高的欣赏价值和艺术价值；啦啦操三维空间高低起伏突出，队形变化多样，能够充分利用场地空间。

（2）啦啦操运动的团队特点

一套完美流畅的啦啦操，需要依靠集体协作来完成，这是啦啦操运动有别于其他运动项目最显著的特征。所有队员通过相互协调配合共同完成口号、动作及转换不同队形，营造互相信任的组织气氛，使队员具有高昂的斗志，提高团队整体的凝聚力。一场表演或比赛的完美完成需要队员成百上千遍，甚至上万遍的不断重复练习，这对啦啦操运动员也会产生潜移默化的影响。经过啦啦操项目的专业训练，队员之间不仅能够在训练、比赛时积极发挥各自的作用，通过团队协作取得表演或比赛的胜利，还可以将这种集体精神迁移到日常生活、工作、学习等方面，而这种集体精神是人们踏入社会、走向成功的基石。

4. 舞蹈啦啦操运动的基本手位

①第一组：加油（图4-2-11）、上A（图4-2-12）、上V（图4-2-13）、大T（图4-2-14）、下V（图4-2-15）、下A（图4-2-16）。

图4-2-11　加油

图4-2-12　上A

图4-2-13　上V

图 4-2-14 大 T

图 4-2-15 下 V

图 4-2-16 下 A

②第二组：短 T（图 4-2-17）、上 M（图 4-2-18）、下 M（图 4-2-19）、弓箭（图 4-2-20）、小弓箭（图 4-2-21）、短剑（图 4-2-22）。

图 4-2-17 短 T

图 4-2-18 上 M

图 4-2-19 下 M

图 4-2-20 弓箭

图 4-2-21 小弓箭

图 4-2-22 短剑

③第三组：侧上冲拳（图 4-2-23）、侧下冲拳（图 4-2-24）、斜下冲拳（图 4-2-25）、斜上冲拳（图 4-2-26）、高冲拳（图 4-2-27）、R（图 4-2-28）。

图 4-2-23　侧上冲拳　　　图 4-2-24　侧下冲拳　　　图 4-2-25　斜下冲拳

图 4-2-26　斜上冲拳　　　图 4-2-27　高冲拳　　　图 4-2-28　R

④第四组：W（图 4-2-29）、上 L（图 4-2-30）、下 L（图 4-2-31）、斜线（图 4-2-32）、K（图 4-2-33）、侧 K（图 4-2-34）。

图 4-2-29　W　　　　图 4-2-30　上 L　　　　图 4-2-31　下 L

图 4-2-32　斜线　　　　　图 4-2-33　K　　　　　图 4-2-34　侧 K

⑤第五组：下 H（图 4-2-35）、上 H（图 4-2-36）、小 H（图 4-2-37）、屈臂 H（图 4-2-38）、前 H（图 4-2-39）、后 M（图 4-2-40）。

图 4-2-35　下 H　　　　　图 4-2-36　上 H　　　　　图 4-2-37　小 H

图 4-2-38　屈臂 H　　　　图 4-2-39　前 H　　　　　图 4-2-40　后 M

⑥第六组：屈臂 X（图 4-2-41）、X（图 4-2-42）、上 X（图 4-2-43）、下 X（图 4-2-44）、前 X（图 4-2-45）、O（图 4-2-46）。

图 4-2-41　屈臂 X　　　图 4-2-42　X　　　图 4-2-43　上 X

图 4-2-44　下 X　　　图 4-2-45　前 X　　　图 4-2-46　O

第三节　健美操运动的创编与赏析

一、健美操运动的创编原则

（一）全面性原则

全面性原则是健美操创编的基本原则，主要体现在身体活动部位要全面。在编排成套动作时，要尽可能使人体参与的部位全面，使动作类型全面；要考虑多种形式、不同方向的动作，充分活动身体各部位的关节、肌肉、韧带，促进身体的全面健康的发展。

在动作方向方面，创编时要考虑动作的方向有上下、左右、前后、斜向等变化，动作路线有长短、曲直的搭配，动作的幅度、速度、力度有大小、快慢、强弱的对比；在动作设计方面，要讲究对称，考虑动作的部位、方向、重复次数、运动时间等；重视大关节运动的同时，不忽视小关节运动，力争全面，保证身体全面、均衡、健康的发展。

（二）合理性原则

创编一套完整的成套健美操，一定要符合人体运动生理和解剖规律，这样才能保证健美操合理的实施。

①动作要合理。动作创编要注重实效性，创编的动作都应有益于身体，选择对完成某项锻炼有切实作用的动作。如果每节操的动作都能充分地锻炼到某些部位，那么整套操对人体的锻炼就会全面充分、切实有效。

②动作顺序要合理。一套健身操的动作顺序，必须要遵循人体活动能力的变化规律，使人体运动的生理曲线由低到高，呈波浪形逐渐发展，再逐步恢复。

③运动负荷要合理。编排健美操时，运动负荷应由小到大，心率由低到高，逐步上升，并逐渐恢复到平静状态；动作编排应由易到难，速度由慢到快，强度由弱到强，逐步增加，当负荷量达到一定数值或保持一定运动负荷后，再逐渐减小。

（三）针对性原则

针对性原则是指根据不同对象、不同目的、不同运动水平等情况，有区别地进行设计、编排。例如：当以塑造正确体态为主要目的时，应侧重于选择有利于培养体态的动作；当男性为练习对象时，应选择刚劲有力、豪爽大方的动作。

（四）创新性原则

创新是健美操的生命，没有创新健美操就没有发展。

①创新动作编排。它可以移植、吸收各种优美的健身动作，从动作方向、动作节奏、动作路线、成套组合动作、造型、队形的变化中获得灵感，使各种动作相互交融、刚柔相济，编织成一套健与美的套路。

②动作的创新。可以多积累素材，将一个项目的动作部分或者全部引入，通过一定的改编获取新的动作；可以把原有的单个动作或组合动作顺序颠倒，从中获得启发；也可以通过改变节奏获得新动作。

③音乐的创新。可以选择多种类型、风格的音乐，促使动作刚劲有力，与动作协调配合，激起观看者热情，给人以深刻印象。选择音乐时一定要保证动作特点与音乐风格相匹配。

（五）律动协调原则

律动协调原则是指将音乐艺术的"声"与健美操动作的"形"有机结合，融为一体，使单一的感知动作成为运用两种感官复合感知的健美操。

①动作的高潮、低谷与音乐的起伏相一致。配合音乐节奏的变化，各种动作递次进行，逐步达到高潮。例如：动作高潮时的音乐应该节奏明快、强劲有力。

②音乐的风格与动作风格相一致。例如，创编街舞健美操时，因为选择的动作素材以街舞风格为主，这就需要用节奏感强的音乐与之吻合。如果选用其他风格的音乐，就会形成风马牛不相及的负面效果。

③音乐的节奏与动作的节奏相一致。创编健美操时，一定要根据音乐的结构完成动作的编排。选择快节奏的音乐就要编排快节奏的动作，慢节奏的音乐就应该与慢的动作相吻合。

如果节奏不一致，就会使动作失去动感韵律，破坏了原有的完整性。

a.成套动作的时间与音乐时间的一致性。无论成套动作的时间长短，都必须与音乐时间的长度一致。所以编排的音乐与动作都必须在相同的时间内完成。

b.不同节奏的曲调与相应动作的配合。创编健美操时，可以用一首曲调的音乐贯穿始终，也可以用同样节奏的几首不同曲调的音乐或不同节奏不同曲调的音乐与相应动作配合。因为一套健美操的动作节奏会有快有慢，乐曲也应该有相应的变化与之配合，从而达到动律统一的效果。

（六）艺术性原则

创编动作时注意要多方向、多角度、多层次地展开，讲究抑、扬、顿、挫、起、承、转、合，考虑动作的大小搭配、左右回旋、上下起伏、快慢交替，力求动作艺术化。

二、健美操运动的赏析

（一）形体美

健美操由多种动作形式组成，对动作有一定美的要求，在运动过程中充分展示了形体的魅力。刚健有力的身形，灵巧的身体运动及独特气质，都给人们留下了深刻而又优美的印象。

（二）动作美

健美操的美是通过肢体的形式表现出来的，所有的动作都是通过一系列连锁的方式表现。在动作的力量、速度、控制等方面，健美操运动员会在短时间内将自己的身体变换不同复杂的姿势，最大限度地表现出其中的造型美、力量美等。在完成整个动作的过程中充满了流畅感与赋有感染力的魅力，吸引了人们的注意，充分地表现动作的美。

（三）艺术美

1.创意美

健美操运动作为竞技体育的一种，要想获得好的成绩，首先要有优秀的创意，对动作和艺术表现力进行创新，避免因在同一个音乐背景下，重复相同的动作、展现同样的艺术表现形式，导致观众产生了审美疲劳，失去继续观看的耐心。在动作的编排上要具有新意，多设计一些复杂、多变的动作和富于变化的表情，在背景音乐的配合下，将这些动作编排成紧凑、完整的健美操运动，使其表现的内容更丰富、更多彩。

2.音乐美

音乐是健美操的一大特点，健美操的风格是运动员的动作风格与音乐的结合，注重意境上的领悟，使其能够完美表现出健美操的优势，使人们借此来抒发自己的情感，排遣自己的内心压力，达到精神世界的升华。

3. 造型美

健美操运动集合了体操、音乐和舞蹈各方面的优势,通过表演者身体各个部位的协调、配合,将跳跃、旋转及手臂的摆动和伸展紧密组合,编排在一起形成一个个不同的静态、动态和动静态结合的动作造型,以此展现出其独特的艺术魅力,留给观众无限的遐想,满足观众对美的追求。

三、评价内容与标准

结合健美操运动的学习目标和要求,可以依据表 4-3-1 对学生健美操运动能力进行综合评价。

表 4-3-1 健美操运动能力评价等级和标准

等级	分数	标准
优秀	90～100	①动作技术规范,套路动作完整,动作衔接自然、流畅,姿态舒展优美。 ②动作有力度,步伐清晰、有弹性,有极强的表现力和感染力。 ③准确把握音乐节奏
良好	80～89	①动作技术规范,套路动作完整,动作衔接自然、流畅,姿态较舒展优美。 ②动作较有力度,步伐较清晰,有一定的表现力和感染力。 ③能够把握音乐节奏
中等	70～79	①动作技术规范,套路动作比较完整,动作衔接比较自然但欠流畅,姿态欠舒展。 ②动作较有力度,步伐较清晰,有一定的表现力和感染力。 ③能够把握音乐节奏
及格	60～69	①动作技术欠规范,套路动作比较完整,动作衔接比较自然但欠流畅,姿态欠舒展。 ②动作不够有力,步伐不够清晰,有一定的表现力。 ③能够跟上音乐节奏
不及格	60 以下	①动作技术不规范,套路动作不完整,动作衔接不流畅,出现多次停顿或中断,姿态不舒展。 ②动作没有力度,步伐不清晰,表现力较差。 ③不能跟上音乐节奏

第五章　中华优秀传统武术项目

第一节　武术基本功

学习目标

①了解武术运动的基本理论知识。
②掌握武术运动的基本功的练法。
③通过练习武术基本功磨炼意志、品质。
④弘扬民族传统文化，生逢其时、重任在肩。

一、武术基本功概述

武术作为中国传统体育的主要项目，在其长期的发展过程中形成了一套独特的体系，其中基本功是主要的练习手段。基本功的内容比较丰富，本节只介绍一些简单的基本功。通过基本功的练习，促使身体各部位协调锻炼，稳步提高学生的身体素质。

二、基本手型

拳：四指并拢由指尖向下卷握，大拇指放于食指与中指的第二指节处（图 5-1-1）。
掌：四指并拢并伸直，大拇指弯曲紧扣于虎口处（图 5-1-2）。
勾：腕关节弯曲，五指的第一指节自然相捏（图 5-1-3）。

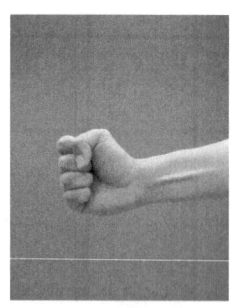　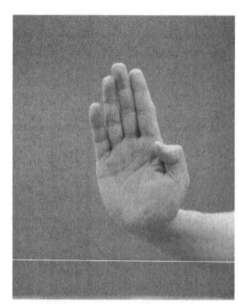　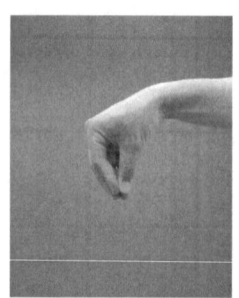

图 5-1-1　拳　　　　　图 5-1-2　掌　　　　　图 5-1-3　勾

三、基本手法

武术的手法较多，本节列举冲拳、架拳、推掌、亮掌4个动作。

（一）冲拳

分为平拳和立拳两种。平拳的拳心向下，立拳的拳眼向上。

两脚左右开立，与肩同宽，脚尖向前，两拳抱于腰间，拳心向上，肘尖向后，挺胸收腹，立腰，目视前方。右拳从腰间向前冲出，拧腰顺肩，在肘关节过腰时，右前臂内旋。力达拳面，臂伸直与肩平。同时左肘向后牵拉。在冲拳练习时可左右交替进行（图5-1-4）。

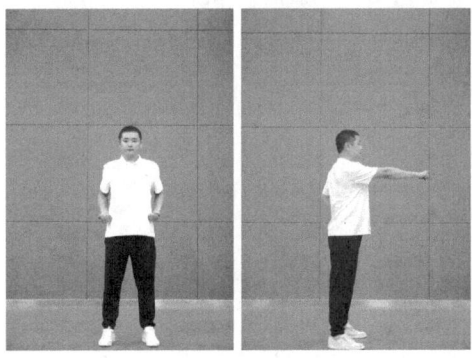

图 5-1-4　冲拳

（二）架掌

两脚左右开立，与肩同宽，脚尖向前，两拳抱于腰间，拳心向上，肘尖向后，挺胸收腹，左手放于左侧腰间，右手立掌向上顶，头向左摆，目视左方。在架拳练习时可左右交替进行（图5-1-5）。

图 5-1-5　架掌

（三）推掌

两脚左右开立，与肩同宽，脚尖向前，两拳抱于腰间，拳心向上，肘尖向后，挺胸收腹，立腰，目视前方。右拳变掌，以右掌根为着力点迅速向前推出，臂伸直与肩平。推出时要拧腰顺肩，同时左肘向后牵拉。在推掌练习时可左右交替进行（图 5-1-6）。

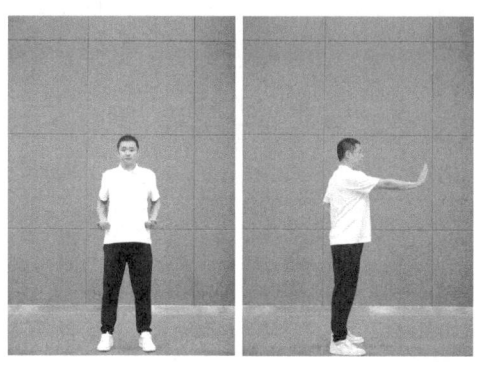

图 5-1-6　推掌

（四）亮掌

两脚左右开立，右手上举至左肩成立掌，然后在体前沿逆时针方向摆至头右上方时迅速抖腕翻掌，臂微屈，掌心斜向上方，掌指向左。头向左盼，目视左方。亮掌时掌臂自下摆至上，抖腕翻掌成亮架势的掌法（图 5-1-7）。

图 5-1-7　亮掌

四、基本步型

（一）弓步

两脚前后开立，前腿屈膝，大腿成水平或接近水平，后腿蹬直，脚尖内扣，上体正对前方，眼平视前方。前腿要如弓箭之弓一样绷上劲，后腿如箭一般挺直。左脚前弓为左弓步，右脚前弓为右弓步（图5-1-8）。

（二）马步

两脚平行开立，脚掌贴地，脚尖稍内扣，屈膝下蹲至两大腿水平。两脚间距为本人3个脚掌长度（图5-1-9）。

（三）虚步

两脚前后开立，后脚外展45°，屈膝坐蹲，其大小腿夹角略大于90°；前脚面绷直稍内扣，虚点地面，膝微屈，重心落在后腿上；挺胸塌腰，眼向前平视。左脚在前为左虚步，右脚在前为右虚步（图5-1-10）。

图5-1-8　弓步

图5-1-9　马步

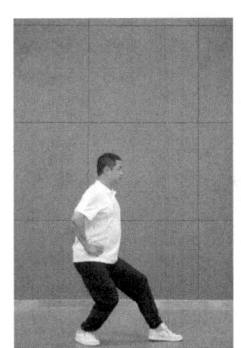
图5-1-10　虚步

（四）仆步

两脚左右开立，一腿全蹲，大小腿贴紧，全脚掌着地，膝与脚尖外展约45°；另一腿伸直、脚尖内扣；挺胸塌腰，身体正直或前倾。左脚仆直成左仆步，右腿仆直为右仆步（图5-1-11）。

（五）歇步

两腿前后站立，屈膝全蹲，前脚全掌着地，脚尖外展；后脚前掌着地，大小腿重叠。臀部坐于后小腿接近脚跟处。左脚在前为左歇步，右脚在前为右歇步（图5-1-12）。

图 5-1-11　仆步

图 5-1-12　歇步

第二节　二十四式简化太极拳

> **学习目标**
>
> ①了解太极拳运动的基本理论知识。
> ②掌握二十四式太极拳运动的基本动作和练习方法。
> ③通过练习二十四式太极拳，增强心肺功能、强身健体。
> ④弘扬民族传统文化，做有理想、有道德、有文化、有纪律的四有青年。

一、太极拳运动概述

"太极"一词历史悠远，用"太极"来命名一项拳术——"太极拳"，其具体产生时间至今仍是一个谜，据考证约起源于明末清初，由河南温县乡兵守备武术家陈王廷所创，距今有三四百年的历史。早期的太极拳吸取了众多拳法的精华，特别是明代抗倭将领戚继光所整理的《拳经三十二式》中的拳法，动作幅度大、难度大，采用螺旋、缠绕手法并有很多"发劲、跳跃、震脚"等动作，具有一定的实战性。随着火器的出现，冷兵器逐渐退出历史舞台，传统太极拳的发展也逐步演变为一种具有中国智慧的养生拳种。随着时间的推移，传统太极拳产生了众多风格独特的流派体系，目前较为流行的主要有：陈式、杨式、孙式、吴式。其中，杨氏太极拳以动作舒展大方、速度连绵均匀等独特风格成为目前较流行的太极拳流派之一。太极拳的运动形式有"掤、捋、挤、按、采、肘、靠、进、退、顾、盼、定"，又被称作"太极十三势"，早期还将太极拳称为"长拳""绵拳""软手"等。

太极拳运动是中华传统武术中极具代表性的项目之一，是中国传统文化中身体文化形式的杰出代表，它流传广泛、妇孺皆知，有着深厚的群众基础。太极拳各个动作环环相扣，处处体现圆弧，从起势到收势势势相承，一气呵成，如同一个完整的圆，体现了中国传统的"和"文化；太极拳动作的刚柔相济、升降有序、虚虚实实、开开合合、含展结合、松紧相间、上下相随的运动特性无不运用着中国传统的"阴阳辩证"法则，是中华民族辩证思维与武术、气功、导引术等技巧的完美结合，高度融合了中国传统哲学、力学、中医、美学和兵学，逐渐成为集健身、修身、防身于一体的现代体育运动项目。

二、太极拳的基本手型、步型和手法、步法、腿法

（一）基本手型、步型

"型"意为"模型"，指的是固定的基本姿势。

（1）手型

拳：四指并拢卷曲，拇指轻扣于食指第二指节处，手心涵虚，拳面要平。

掌：四指并拢，五指自然伸直，手心涵虚。

勾：五指第一指节捏拢，扣腕，使勾尖和勾顶分明。

（2）步型

马步：两脚自然平行，屈膝下蹲，膝关节不要超过脚尖。马步时两脚之间的距离大小依据动作的要求和个人的腿部力量进行调整，但基本要求不变。

弓步：左（右）脚向前跨一大步，脚尖向前，屈膝，膝关节不要超过脚尖；右（左）脚自然伸直。脚尖外展斜向前；两侧肩、胯向前，身体正向前；左右脚横向距离一胯左右，纵向距离依据腿部力量的大小调节（不能过大和过小）；重心在前脚。

虚步：左（右）脚向前跨一小步，脚尖内侧点地向前，微屈膝；右（左）脚屈膝下蹲，脚尖外展斜向前；两侧肩、胯向前，身体正向前；左右脚横向距离 10 cm，纵向距离依据腿部力量的大小调节（不能过大和过小）；重心在后脚。

丁步：两腿屈膝下蹲；左（右）脚踏实，支撑重心，右（左）脚脚尖虚点地贴于左（右）脚内测足弓处。

侧弓步：左（右）脚向身体左（右）侧跨一大步，左脚尖外展向前，屈膝侧弓，膝关节不要超过脚尖；右（左）脚自然伸直，右脚尖内扣斜向前；两侧肩、胯向前，身体正向前；左右脚横向距离依据腿部力量的大小调节（不能过大和过小）；重心在左（右）脚上。

仆步：两腿左右打开，一腿屈膝全蹲靠紧，脚尖外展；另一腿平铺伸直，脚尖内扣。

独立步：一腿自然伸直，膝微屈，五指抓地，支撑体重；另一腿提膝，大腿高于水平，小腿自然下垂，脚尖斜向下。

平行步：两脚自然平行，脚尖正向前，两膝微屈。

（二）基本手法、步法、腿法

"法"意为方法或方式，是动作的移动转换规律。

1. 手法

搬拳：右拳以肘关节为轴，屈肘由左肋间向右体前翻拳，拳眼向外，拳心斜向上。

贯拳：两拳经两侧由下向上内旋画弧至与两耳同高，拳眼斜向下。

推掌：掌心斜向下经耳侧，旋臂立掌平推出，力达掌根。

搂掌：掌从大腿内侧画弧至膝外侧，掌心向下，掌指朝前。

拦掌：掌从腹前向斜上画弧，立掌，掌指斜向上，掌心向异侧。

分掌：两掌胸前手腕交叉，两臂内旋经面前画弧左右分开，指尖向上高于耳屏，掌心向外。

云掌：两掌依次经腹前、胸前、肩外侧立面画圆。

穿掌：侧掌指尖引领，沿手臂内侧和体前（掌心向内），转掌沿大腿内侧（掌心向外），力达指尖。

架掌：手臂内旋，掌从体前、体侧由下向上翻至头上方，掌心向上，手臂成弧线。

抱掌：两掌胸腹前合抱，掌心斜向对，大小如一篮球，手臂成弧线。

掤：大臂和前臂成弧形，由下向上举于胸前，掌心向内，力达前臂。

捋：两臂成弧形向斜前上，后经腹前向后斜上画弧，两掌心斜相对。

挤：一手臂呈弧形于胸前，另一手掌指斜向上轻扶于其腕内侧，然后两臂同时向前撑圆。

按：两掌心向下，平行收回，自胸前下按至腹前，掌指向前，然后掌指向斜上弧形出，力达掌跟。

2. 步法

上步：一腿支撑体重，另一脚经支撑腿内侧向前迈出，脚跟着地，移动重心逐渐过渡到全脚掌着地。

跟步：重心在前腿上，后脚向前跟进一步或半步，脚前掌轻轻着地。

退步：一腿支撑体重，另一腿经支撑腿内侧向后退一步，脚前掌先落地，平稳移动重心后逐渐变为全脚掌着地。

侧行步：一腿支撑体重，另一脚脚跟抬起向体侧横跨一步，脚前掌先落地，随着重心的移动慢慢变成全脚掌着地，两脚保持平行，开步比肩略宽，收步比肩略窄。

摆脚：一腿支撑体重，另一脚脚尖外摆斜向前，脚跟落地，随着重心的移动变为全脚掌着地。

扣脚：以脚跟为轴，脚尖向内旋转。

碾脚：以脚前掌为轴，脚跟外展。

3. 腿法

蹬腿：一腿支撑，膝盖自然伸直（微曲），另一腿提膝上举，然后小腿慢慢伸直，勾脚尖，高不低于腰，力达脚跟。

分腿：一腿支撑，膝盖自然伸直（微曲），另一腿提膝上举，然后小腿慢慢伸直，绷住脚面，高不低于腰，力达脚尖。

三、学练二十四式太极拳（简化版）

（一）起势（分脚·下按）

两肩下沉，两肘松垂，两脚开立，与肩同宽，脚尖向前；两臂慢慢向前提起，与肩同高，掌心向下；屈膝下蹲，同时两掌轻轻下按；两臂下落和身体下蹲的动作要协调一致（图5-2-1）。

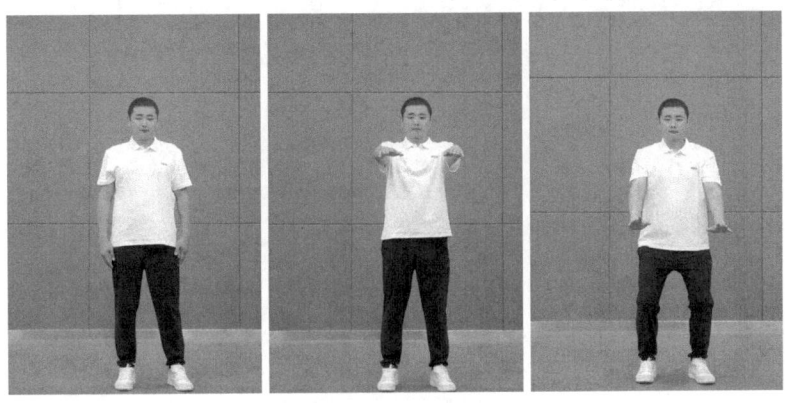

图 5-2-1　起势

（二）左右野马分鬃（右抱球·左分手·左抱球·右分手·右抱球·左分手）

移动时上体不可前俯后仰，两臂分开时要保持弧形，左手臂与胸同高，掌手向胸，右手按于髋关节外侧；身体转动以腰为轴，弓步动作与分手的速度要均匀一致；做弓步时，迈出的脚先以脚跟着地，然后再慢慢踏实，膝盖不要超过脚尖，后腿自然伸直；前后横距 1～30 cm（图5-2-2）。

图 5-2-2　左右野马分鬃

（三）白鹤亮翅（正抱球·虚步分手）

右脚跟半步，重心后坐，两手慢慢右上左下分开，右手停于右额前，左手落于左胯侧；

左脚稍向前移,脚尖点地。完成姿势时,胸部不要挺出,身体重心后移、右手上提和左手下按3个动作要协调一致(图5-2-3)。

图 5-2-3　白鹤亮翅

(四)左右搂膝拗步(左按掌·右推掌·右按掌·左推掌·左按掌·右推掌)

右手从体前下落划弧至右肩外侧,同时,左手由左下向上、向右下方划弧至右胸前;上体微右转,左脚向前迈步,左手搂膝至胯侧,右手由耳侧向前推出。在整个动作过程中,身体不可前俯后仰,推时沉垂肘、坐腕舒掌(图5-2-4)。

图 5-2-4　左右搂膝拗步

(五)手挥琵琶(进半步·合掌)

右脚跟半步,上体后坐,左手由左下向上挑举,右手收回放于左臂肘部,掌心向左,左脚稍前移,脚跟着地;右脚跟进时,脚掌先着地,再过渡到全脚掌。身体重心后移、左挑和右手回收3个动作要一气呵成(图5-2-5)。

图 5-2-5　手挥琵琶

（六）左右揽雀尾（抱球·掤·捋·挤·按）

捧出时，两臂前后均保持弧形；下捋时上体不可后仰，臀部不要凸出，两臂下捋时需随腰旋；向前挤时，上体要正直，向前按时，两手走曲线，手腕部高于肩，两肘微屈（图5-2-6）。

图 5-2-6　左右揽雀尾

（七）单鞭（摆掌·勾手·推掌）

上体后坐，左脚尖内扣上体右转，两手划弧，左手至左例成勾手，右手划弧停于左肩前。右转时慢慢翻掌向前推出（图5-2-7）。

图5-2-7　单鞭

（八）云手（由左摆掌·右摆掌等动作组成）

身体转动时以腰为轴，两臂随腰的转动而运转，要自然圆活，速度缓慢而均匀。重心要水平移动，不可忽高忽低（图5-2-8）。

图5-2-8　云手

（九）单鞭（摆掌·推掌）

技术动作同上一单鞭（图5-2-7）。

（十）进步搬拦捶（搬·拦·捶）

上步同时右拳经胸前向前翻转撇出，拳心向上，左手落于左胯旁；左脚向前迈出一步，同时左手经左侧向前划弧拦出，右拳向右划弧收到右腰旁，拳心向上；左腿前弓成弓步，同时右拳打出，拳眼向上，高于胸，左手近右臂内。整个过程拳不可握得太紧（图5-2-9）。

图5-2-9　进步搬拦捶

（十一）十字手（分掌·交叉手）

两手分开合抱时，上体不要前俯；两臂环抱时要圆满舒适，沉肩垂肘（图5-2-10）。

图5-2-10　十字手

（十二）收势

两手向外翻掌，手心向下，两臂慢慢下落，停于身体两侧。整个过程注意身体放松（图5-2-11）。

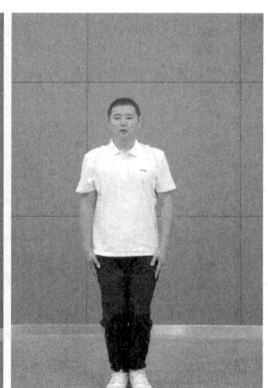

图 5-2-11　收势

第三节　散手

> **学习目标**
>
> ①了解散手运动的基本理论知识。
> ②掌握散手的基本动作和练习方法。
> ③通过练习散手和女子防身术,提高自我保护意识,强健体魄。
> ④弘扬民族传统文化,做有理想、有道德、有文化、有纪律的四有青年。

散手是两人按照一定的规则,使用武术中的踢、打、摔、拿等方法制胜对方的一种实战性很强的体育项目。

下面介绍散手运动中拳法、腿法、防守和进攻组合技术的简要内容。

（一）散手的拳法

1. 预备势（以左手在前为例）

两脚左前右后开立,较肩稍宽,左手握拳前伸略高于鼻,拳心朝右下方,右拳屈肘置于左胸前,拳心朝左方（图 5-3-1）。

2. 左冲拳

由实战姿势开始,右脚蹬地,脚跟提起,发力于腰,上体微右转,左拳向前击出,力达拳面。击打目标后收回（图 5-3-2）。

3. 右冲拳

由实战姿势开始,右脚蹬地,脚跟提起,发力于腰,上体微左转,右拳向前击出,力达拳面;击打目标后收回（图 5-3-3）。

图 5-3-1　预备势

图 5-3-2　左冲拳

图 5-3-3　右冲拳

4. 左摆拳

由实战姿势开始，左拳向外、向前、向内成平面半圆形横击，同时上体微向右转，腰部发力，力达拳面，拳心向下击打目标后左拳收回（图 5-3-4）。

图 5-3-4　左摆拳

5. 右摆拳

由实战姿势开始，右拳向外、向前、向内成平面半圆形横击，同时上体微向左转，腰胯发力，力达拳面击打目标后右拳收回（图 5-3-5）。

图 5-3-5　右摆拳

（二）散手的腿法

1. 左蹬腿

由实战姿势开始，左腿提膝抬起，勾脚，以脚跟领先向前蹬出，力达脚跟；也可鼻掌下压，力达脚掌；击打目标后左脚收回（图 5-3-6）。

图 5-3-6　左蹬腿

2. 右蹬腿

动作方法参照左蹬腿（图 5-3-7）。

3. 左踹腿

由实战姿势开始，右腿直立或稍屈支撑，左腿屈膝抬起，小腿外摆，脚尖勾起，脚掌正对攻击目标，展髋、展膝向前踹出，力达脚掌，上体可侧倾；击打目标后脚收回（图 5-3-8）。

图 5-3-7 右蹬腿

图 5-3-8 左踹腿

4. 右踹腿

动作方法参照左踹腿（图 5-3-9）。

图 5-3-9 右踹腿

（三）散手的进攻组合技术

1. 左冲拳 - 左踹腿

双方由实战姿势开始，一方疾步以左冲拳击打对方面部，随后垫步以左踹腿踢击对方腹部。出拳要快，拳腿衔接要协调；拳打是虚脚踢是实（图 5-3-10）。

图 5-3-10　左冲拳 - 左踹腿

2. 左踹腿 - 右踹腿

双方由实战姿势开始，一方滑步以左踹腿踢击对方腹部，随后左脚落地，直接以右踹腿踢击对方的胸部、头部。第一腿踹完后，身体重心快速向左转移以便动右腿（图 5-3-11）。

图 5-3-11　左踹腿 - 右踹腿

3. 左弹腿 - 左右冲拳 - 左踹腿

双方由实战姿势开始，一方垫步以左弹腿踢击对方腿部，随后直接以左右冲拳，连击对方面部，然后垫步以左踹腿踢击对方胸部、头部。前 3 个进攻动作主要是打点，不一定力度很大，主要以左踹腿打击对方（图 5-3-12）。

第五章　中华优秀传统武术项目

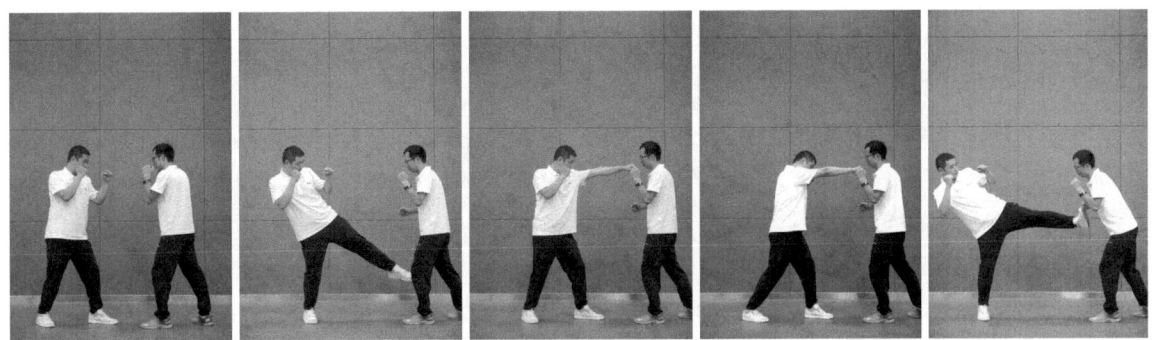

图 5-3-12　左弹腿 – 左右冲拳 – 左踹腿

143

第六章 职业体能

> **学习目标**
> ①了解职业体能运动对职业素养的提升和职业体能的锻炼意义。
> ②熟练掌握两项以上职业体育运动的基本方法和技能；能够编制可行的个人锻炼计划，并科学地进行体育锻炼，提高自己的运动能力。
> ③培养学生不怕困难、不怕挫折的精神，同时融合学生今后从业的职业特点，发展职业体能。

第一节 职业体能的含义及有关的身体素质

一、关于体能的概念

国内外有多种不同的理解，其中较有代表性的观点如下。

Hartmann 等在 1955 年认为，体能是以人体三大功能系统的能量代谢活动为基础，通过骨骼肌系统表现出来的运动能力。

熊斗寅教授提出，体能是个不确定的概念，有大体能与小体能之分，大体能泛指身体能力，包括身体运动能力、身体适应能力、身体机能和各项身体素质；小体能是指运动训练中的体能训练和体能型项目等。

李之文教授认为，体能是经过身体训练获得的人体各器官系统的机能在肌肉活动中表现出来的能力，它包括身体形态的适应性变化和力量、速度、灵敏、耐力等基本素质。

赵志英等从运动训练的角度认为体能应是运动员在专项训练和比赛负荷下，最大限度地动员有机体机能对抗疲劳的能力。

香港学者钟伯光以"适能"的称谓来定义体能，他认为"适能"就是指身体对外界的适应能力，完整适能包括身体适能和心理适能。身体适能简称体适能，包括健康体适能和运动体适能两大范畴。良好的健康体适能可以使身体从容应对日常工作中的活动和突发事件。

北京体育大学学生袁运平将"适能"定义为：体能是指人体通过先天遗传和后天训练获得的在形态结构、功能与调节方面及其在物质能量储存和转移方面所具有的潜在能力，以及与外界环境相结合所表现出来的综合运动能力。

对于"适能",目前还没有一致认可的定义。综上所述,我们将体能分为两大类:与健康有关的体能(称之为基本体能)和与动作(劳动)技能有关的体能(称之为职业体能,包括运动员体能)。

二、与职业有关的身体素质

(一)身体组成

人体是由脂肪及非脂肪组织(如肌肉、骨骼、水和其他脏器等)组成,保持理想体重对维持适当的身体组成有着十分重要的作用。一般体重过重可能是体内堆积过多的脂肪造成的,脂肪过多容易导致一些慢性疾病的发生,如糖尿病、高血压、动脉硬化及心肌梗死等。

(二)肌肉力量

肌肉力量是一块肌肉或肌肉群一次竭尽全力抵抗阻力的活动能力。所有的身体活动均需要使用力量。肌肉强壮有助于预防关节的扭伤、肌肉的疼痛和身体的疲劳。

(三)肌肉耐力

肌肉耐力指一块肌肉或肌肉群在一段时间内重复进行肌肉收缩的能力,与肌肉力量密切相关。肌肉力量是肌肉所能产生的最大力量,肌肉耐力是肌肉持续收缩的能力。良好的肌肉力量与肌肉耐力可以维持正确的姿势,提高工作效率。肌肉力量和肌肉耐力不好的人较容易产生肌肉疲劳与酸疼的现象。

(四)柔韧度

柔韧度是使四肢和躯干充分伸展而不会感到疼痛的一种能力。具有良好柔韧度的人,肢体的活动范围较大,肌肉不容易拉伤,关节也不易扭伤。关节柔韧度不好的人,往往会造成姿势不对的问题,如下背及肩颈疼痛等。

(五)心肺功能

心肺功能即心肺耐力,是指人体的心脏及肺脏、血管、血液等组织的功能,与氧气和营养物质的输送及代谢物的清除有关。心肺功能是反映全身性运动持久能力的指标。心肺耐力良好的人,能更有效地完成日常活动,而不容易感到疲惫。

(六)灵敏性素质

灵敏性素质是指在各种条件下,精确而协调地完成复杂动作的能力,亦指快速的应变能力。它是速度、力量和柔韧度等各种身体素质在特定条件下的综合反映。灵敏性素质好的人,在面对纷繁复杂的局面时,能保持冷静的头脑,清晰的思维,更能适应现代社会。

三、心理素质

心理素质指个体在心理过程、个性心理等方面所具有的基本特征和品质。它是人类在长期社会生活中形成的心理活动在个体身上的积淀，是从一个人的思想和行为上表现出来的比较稳定的心理倾向、特征和能动性。心理素质良好的人，总能保持平和的心态，能清楚地认识自我，正确地评价自我；面对失败时，能积极地总结失败的原因，并从中吸取教训。

四、职业体能的分类

依据原劳动和社会保障部发布的职业分类目录和教育部颁发的《普通高等学校高职高专教育指导性专业目录（试行）》，结合各职业岗位劳动（工作）时的主要身体姿态进行分类，共分为五类：静态坐姿类，主要是会计、文秘、行政办事员、IT行业等；静态站姿类，主要是营业员、酒店前台接待等；流动变姿类，主要是营销员、导游、记者等；工场操作姿态类，主要是机械、生产操作工等；特殊岗位姿态类，主要是警察、空中乘务员、野外作业人员等。

第二节　坐姿类职业体能特点

一、坐姿类职业岗位简介

现代社会分工精细，许多人工作时的体位改变很少。北京市工业技师学院文创系、智能系以"伏案型"为主要工作方式。经调查研究，以上两个专业的同学毕业后，在每个工作日的8小时劳动中，坐的时间可达6～7小时。坐位姿势是一种静态姿势，静态姿势下完成单一姿势工作，容易引起机体许多功能和结构的改变，进而导致疾病，即职业病。

二、坐姿的解剖学特征

（一）头颈部

坐姿工作时，一般头部呈前俯或后仰姿势。肩颈部肌肉是支持颈部活动的基础，其中以斜方肌、胸锁乳突肌为主要的受力肌。斜方肌位于颈部和背部，呈扁平三角形，左右二肌合成斜方肌，主要控制颈部的前屈、后伸，头颈部若过分下垂或颈椎前屈，会使斜方肌处于紧张状态。胸锁乳突肌属于颈浅肌群，起于胸骨柄和锁骨的内侧1/3处，斜向后上方，止于乳突。其作用是两侧同时收缩，头向后仰；一侧收缩，头颈向同侧倾斜，面部转向对侧并向上仰。

研究表明，坐位时，颈部肌肉受力与颈角大小有关，颈部受力随角度增大而增加，颈部损伤患病率随颈角增加而升高。坐位工作时，颈部保持在前倾角0°～10°为宜。

（二）胸部

坐位时，低头含胸，胸廓得不到充分的扩张。长期保持这种姿势，一方面影响肺的通气功能；另一方面胸廓变形，造成驼背。

坐位时，人体一般呈弓起背部向前微倾状态。在该姿势下工作，脊椎间盘的活动对背部所承受的压力是不均匀的。人体背部的伸肌在一天的运动中几乎没有主动用力的动作，大多数时间在被动拉长中，起着维持人体运动平衡和协调的作用。相对其他肌肉群，人体的背部肌肉相对工作时间最长，因此所受疲劳是"首当其冲"的，这种疲劳容易引起小肌肉纤维损伤，从而造成背部的多种不良反应，如酸、胀、痛、麻等。

（三）腰部

人体在坐姿的时候，腰肌承受着上身的重量。腰肌和腹肌像一个夹板，保持一定的张力以稳定腰部，工作姿势对腰肌受力有很大的影响。有研究表明，腰部受力与躯干角度大小关系密切，躯干角度小则受力小。

一项研究调查表明，电脑操作者一般习惯将电脑屏幕置于右前方或左前方，在工作时呈侧身或扭腰等不良姿势。为了维持身体平衡，腰部的某一处肌肉就需要特别用力，以致受力肌容易疲劳。

（四）手腕部

从事计算机行业或电子行业者其腕部经常需要重复用力活动或反复弯曲、伸展，参与活动的小肌肉群不足全身肌肉总量的 1/7，肌肉活动频率高于 15 次/分，用键盘输入汉字时，手指敲击键盘高达 100 次/分以上，频繁收缩活动的小肌群能耗不高却容易疲劳，甚至在用力时直接压迫腕管内神经而导致腕管综合征。

（五）脊柱

人的脊柱由 33 块形状不规则的脊椎骨组成，按所在的位置不同分成颈椎、胸椎、腰椎、骶椎和尾椎。脊柱从侧面看，有 5 个生理弯曲：颈椎、腰椎向前凸，胸椎、骶椎和尾椎向后凸。

久坐会使上身体重长时间地压在脊椎骨骶端，不符合人体脊柱最佳受力状态。若坐姿不良，脊柱两侧肌肉受力不均，导致脊柱某区域肌肉骨骼负荷过重，久而久之可能引起脊柱侧弯。此后，因工作紧张往往不由自主地就会塌腰，这不仅增加了腰椎的负担，破坏了脊柱正常的生理弯曲，使腰椎部位后凸，还阻碍了血液循环，从而引起腰部肌肉酸疼甚至引起腰椎病变。

三、坐姿的生理特征

（一）血液循环

血液流经全身，向全身输送氧和营养物质，以保证生命活动的正常运行。血液循环的动力器官是心脏,而心脏位于胸腔中,故心脏向心脏以下的部位输送营养物质和氧气可借助地心引力的作用而比较顺利,但心脏以下的部位血液要返回心脏,就必须克服地心引力的影响,所以相对比较困难,由此造成心脏部位以下的静脉回心血流受阻,故长期久坐的人,下肢特别是足背会发生浮肿,还会使直肠、肛管静脉回流受阻,静脉扩张而发生痔疮。同时,位于心脏以上的部位,特别是大脑的血液供应,须克服地心引力。如果心脏功能不良,则脑血供应不畅通,容易出现头昏、眼花、嗜睡的现象,使工作效率低,失误率增加。

久坐时,心脏工作量减少,长此以往可使心脏功能日益减退,心肌渐趋衰弱。世界卫生组织明确指出,久坐是促发冠心病的重要因素。医学专家调查发现,司机的冠心病发病率比售票员高30%。据研究,当坐位时,心脏功能的心率、心输出量、每搏输出量都处于相对较低的水平。

(二)肺通气功能

由于坐位伏案,胸廓得不到充分扩张,从而影响肺的通气功能。研究表明,坐位伏案对静息时通气量的影响不大,但是从提高体能和健康水平的角度出发,坐位伏案劳动(工作)的人,应加强扩胸动作的练习,以有利于肺的充分扩张,加强通气和换气的功能,使氧饱和度始终在96%~98%。

(三)骨骼肌

骨骼肌是维持各种姿势的基础,坐位姿势是一种静态姿势,维持坐位姿势的肌肉肌纤维长时间处于一定的静力性工作状态(等长收缩状态)。虽然依靠中枢神经系统的调节,肌纤维的紧张活动可以交替进行,但这种交替是相对少而慢的。当坐位姿势劳动(工作)时,肌纤维的紧张性收缩也限制了肌肉的血液供应,以至于肌肉获取的氧和营养物质相对减少,而肌肉的代谢废物也不易排出,久之就会引起肌肉僵硬、酸疼,甚至发生肌肉萎缩。坐姿工作2小时以上,即可产生肌肉疲劳感,工作效率有所下降。所以,医学专家指出,坐一二小时,起来走动10分钟,对身体有益。

(四)眼的负荷

在现代办公条件下,长时间对着电脑工作使眨眼次数明显减少(由日常每分钟22次左右锐减到4~5次),眼睛特别容易干涩。盯着电脑屏幕,其闪烁会使眼睛不断进行调节,睫状肌易疲劳。此外,电脑屏幕是强发光体,同时电脑页面内容繁多,使得用电脑时视觉负担很重,常常使眼睛发胀。

眼睛长期超负荷工作,将会导致视力下降,发生眼部炎症(如角膜炎),同时还可以导致身心疲劳。

四、坐姿类职业体能锻炼方法

从事不同的职业需要不同的体能。坐位姿势是一种静态姿势,维持该姿势的肌纤维长时间处于一定的静力性紧张状态,腰背部肌肉是主要的受力肌。有目的地锻炼坐姿,可使机体各部位的主要受力肌群的肌肉弹性增强,改善组织,促进血液循环,增强新陈代谢。针对坐姿类工作对体能的要求,应主要发展以下部位肌肉群的力量和耐力。

(一)颈肩部肌群力量练习

1. 哑铃飞鸟

目的:主要发展肩部三角肌力量。

动作方法:坐、站均可,上背挺直,双手持哑铃微抬,双眼正视前方。两手握哑铃从身侧起动,吸气,提肘张肩发力两举至臂与肩持平,然后缓慢恢复(图6-2-1)。

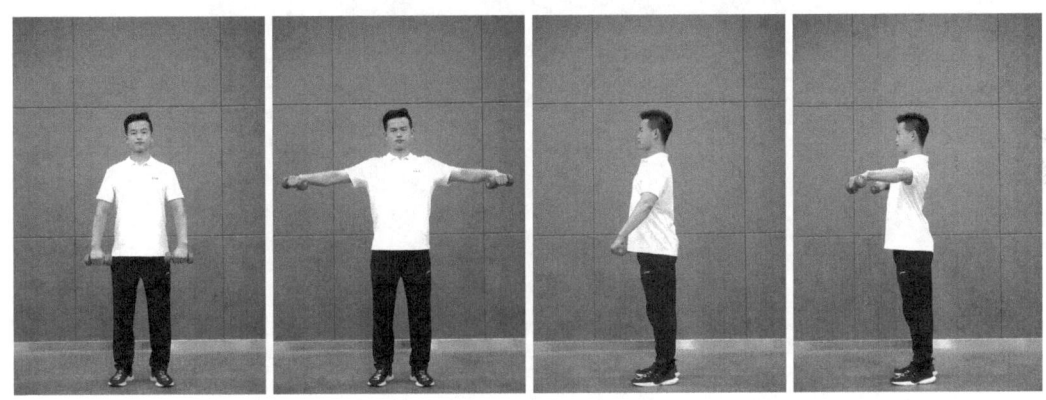

正面　　　　　　　　　　　　　　　侧面

图6-2-1　哑铃飞鸟

2. 哑铃肩绕环

目的:发展斜方肌的力量。

动作方法:坐、立均可,上背挺直,双手持哑铃自然下垂,双眼正视前方。双肩前后,做以肩关节为中心的绕环动作(图6-2-2)。

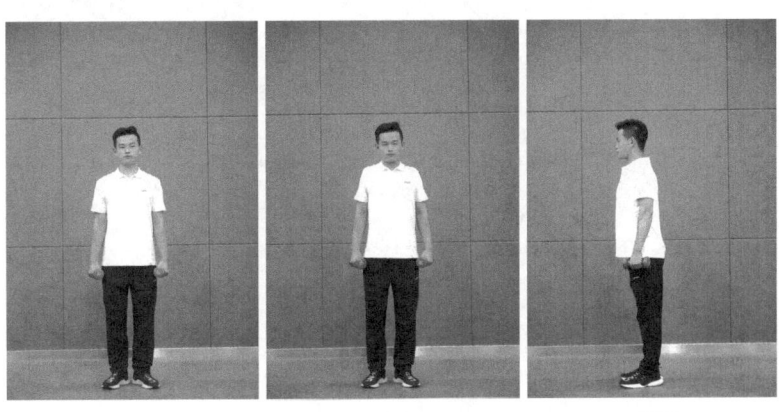

准备姿势　　　　　　正面　　　　　　侧面

图6-2-2　哑铃肩绕环

（二）腰背部肌群力量练习

1. 体后屈伸

目的：主要发展伸展躯干和伸髋的肌肉力量。

动作方法：俯卧在垫子或长凳上，两臂前伸，两腿并拢伸直。两臂和两腿同时向上抬起，腹与垫成背弓，然后积极还原，连续练习（图6-2-3）。

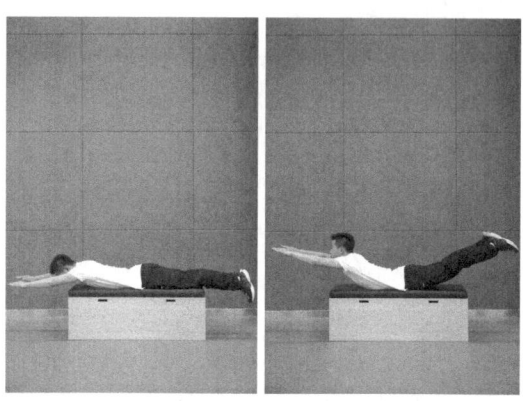

图 6-2-3　体后屈伸

2. 俯身划船

目的：主要发展背阔肌上、中部及斜方肌、三角肌的力量。

动作方法：上体前屈近90°，抬头，正握杠铃。然后两臂从垂直姿势开始，曲臂将杠铃拉近小腹后还原，再重新开始。上拉时注意肘靠近体侧，上体固定，不屈腕（图6-2-4）。

正面　　　　　　　　　　　　　　侧面

图 6-2-4　俯身划船

（三）腕部肌群力量练习

1. 屈伸腕动态练习

目的：主要发展前臂伸肌和屈肌的力量。

动作方法：立正。一手持哑铃，掌朝上。另一手微托持哑铃手肘关节，靠于腰部，手握哑铃2秒钟一次，做屈伸腕运动（图6-2-5）。

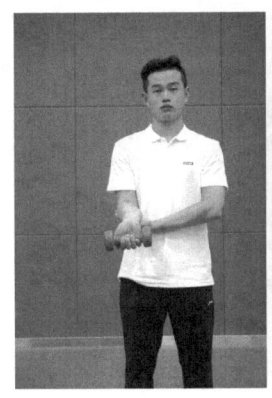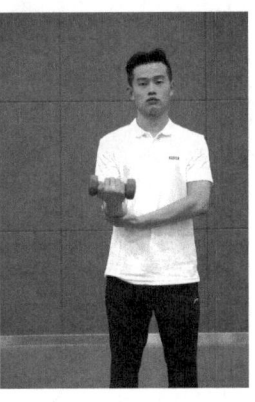

图 6-2-5　屈伸腕动态练习

2. 屈伸腕静态练习

目的：主要发展前臂伸肌和屈肌的力量。

动作方法：立正，一手持哑铃，掌心朝上。另一手微托持哑铃手肘关节，靠于腰部，手紧握哑铃充分屈腕静止15秒，休息5秒，再充分立腕静止15秒（图6-2-6）。

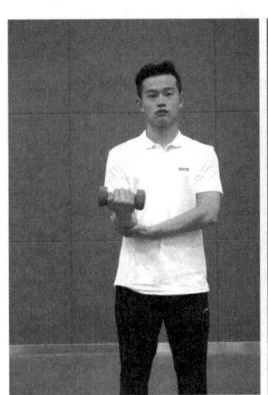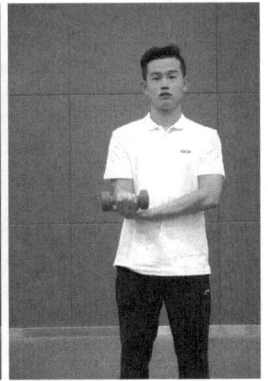

图 6-2-6　屈伸腕静态练习

3. 哑铃"8"字绕环

目的：主要发展肱桡肌的力量。

动作方法：立正，一手持哑铃（男生可以双手持哑铃）、持哑铃手做"8"字绕环运动

（图 6-2-7）。

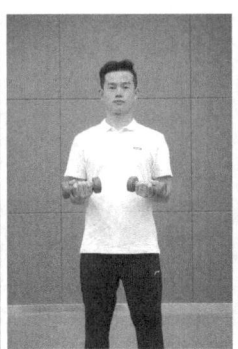

图 6-2-7　哑铃"8"字绕环

第三节　站姿类职业体能特点

一、站姿类职业岗位简介

北京市工业技师学院需要长时间站立学习的专业主要有环保系检验员、汽车系销售等职业岗位，均需要在学习期间长时间站立。站姿是一种静力性工作，分为立正式站立（如环保系检验员）和任意式站立（如汽车系销售员）。立正式站立是一种强度极大的静力性工作，而任意式站立因在一定程度上可以活动身体某些部位，并有机会在较小范围内做一些移动性活动，所以相对于立正姿势而言，其静力负荷的劳动强度较小，学生站姿绝大多数属于任意式站立。

二、站姿的解剖学特征

（一）腰腹部

自然站立时，躯干部位的重量经过腰椎向下传导，需要腰部肌肉力量予以支撑，以保持腰椎的正常生理前凸。腹肌力量较弱的人，如肥胖者，特别是腹部肥胖者，由于大量脂肪组织堆积，肌肉组织相对较少，且较松弛，因而对腹部的支撑较弱，进而加重了腰部肌肉的负荷，肚子越往前凸，腰部肌肉的负担便越大，久之，就可造成腰部肌肉紧张。

（二）脊椎

脊椎的负荷为某段以上的体重、肌肉张力和外在负重的总和。不同部位的脊椎节段承担着不同的负荷。由于腰椎处于脊柱的较低位，因而负荷相当大。

当人体处于静态任意式站立时，因为要维持正常的站姿，即保持躯干的相对竖直，腰椎相对于静态坐位时只能有很小程度的前屈或后伸。挺腹是人们常见的站姿，此时腰椎处于后伸拉，腰椎将承受很大的压力负荷。据报道，站立时，腰部肌肉张力始终维持在 6.5～11.6 kg，第三、第四腰椎间盘的压力达到 8.9～12.3 kg，而且得不到缓解，因此患背痛的概率比较高，且随着工龄的延长，这种症状的出现频率也相应增高。另据报道，静态站立时最佳姿势是适度前屈位，这可以在站直的前提下收小腹，通过骨盆与腹背肌肉的整体调整得以实现。

（三）下肢

人体某种姿势的维持，均需要一定的肌张力。人体走动或站立时，小腿肌肉等紧张收缩，以维持身体姿势并保持身体平衡。但长时间保持站立不动，会影响下肢血液循环，导致下肢肿胀，甚至造成静脉曲张。

人体在正常的站姿下，全身的体重均匀地从脊柱、骨盆传向下肢，再由两下肢传至两脚，因此人类的两脚具有负载体重的重要功能。另外，从解剖学观点来看，人体共有 206 块骨头，其中两脚就占了 52 块，俨然是全身的支柱。但在长时间站立工作及过度负重状态下，如搬运工作、长途步行等，可诱发平足症。

三、站姿的生理特征

（一）血液循环

站姿也是一种静力性工作，血液流动受到的影响与坐姿相同。维持站姿比维持坐姿肌肉的静力性张力更大，即有更多的肌纤维处于静力性等长收缩状态，肌张力一般超过该肌肉最大随意收缩的 15%～20%。研究表明，一旦肌张力超过最大随意收缩的 15%，很容易导致肌肉疲劳。

直立体位时，因血液的流体静力学作用，血液滞留在心脏水平以下的血管中，由于静脉管壁薄而易于扩张，使其容积大为增加，滞留了大量的血液，致使静脉回流量下降。故站立时间过长，会导致血液回心受阻，从而出现脚背浮肿、趾关节炎或静脉曲张等症状。发病一般为 6～8 年，妇女更容易发生。位于心脏以上部位的颈、脑部也易供血不足，而易出现头痛、头晕等症状。

（二）骨骼肌肉

人体的肌肉在平时会需要一定的张力以维持一定的身体姿势。站立时，大腿、小腿、腰背部、臀部的肌肉处于等张收缩，比坐姿时有更多的肌纤维参与静力性工作且维持相对较高的紧张性。尽管静力性工作能量消耗水平不高，氧需要量通常不超过 1 升 / 分钟，但很容易产生腰背部和下肢疲劳。

四、站姿类职业体能锻炼方法

北京市工业技师学院站立型专业学生身体常处于站姿状态，对下肢力量与耐力要求较高，因此在体育锻炼中应以发展下肢和腰腹肌肉的力量为主，并练习一些形体操、健美操，使之形成合理的站立姿势与优美的形态。

（一）下肢肌肉力量的锻炼方法

1. 深蹲

目的：主要发展大腿肌群和臀大肌肌肉力量。

动作方法：把杠铃担负在颈后肩上，屈膝下蹲到大腿与地面平行或稍低，大腿和臀部用力，两脚蹬地使身体恢复到直立，重复练习一定的次数和组数（图6-3-1）。

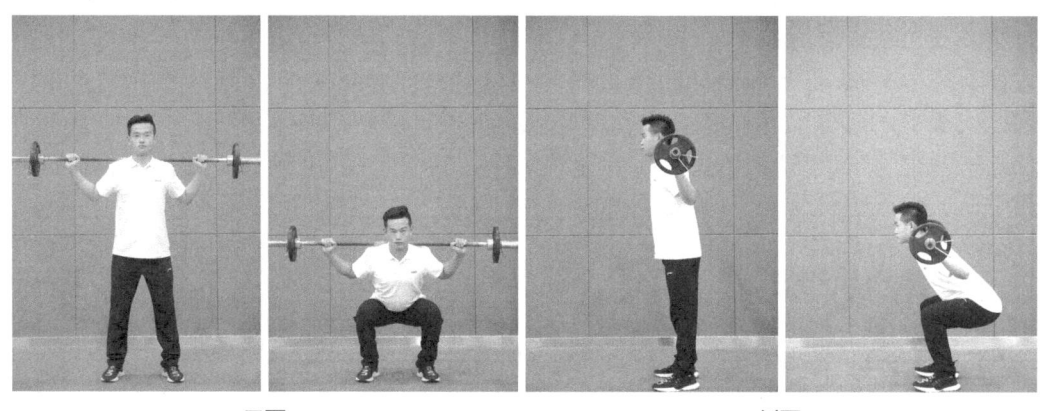

正面　　　　　　　　　　　　　　侧面

图 6-3-1　深蹲

2. 踮脚跳跃

目的：主要发展小腿腓肠肌、比目鱼肌和股四头肌的力量。对提高身体平衡能力也有一定的价值。

动作方法：两脚并拢站立，两膝微屈，两手叉腰，双脚前掌原地向上纵跳，膝盖伸直，下落时，先前脚掌着地，然后全脚掌着地，再踮脚起跳（图6-3-2）。

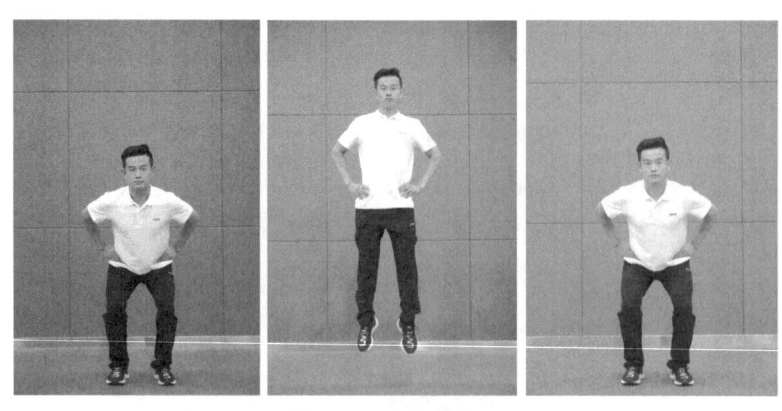

图 6-3-2　踮脚跳跃

（二）腰腹部肌肉力量的锻炼方法

1. 仰卧起坐

目的：主要发展腹直肌力量。

动作方法：仰卧于垫子上，两小腿弯曲，两脚固定，双手交叉抱于头后。腹肌收缩使额头向膝部靠拢直至膝盖。然后还原，重复此动作一定的次数和组数（图6-3-3）。

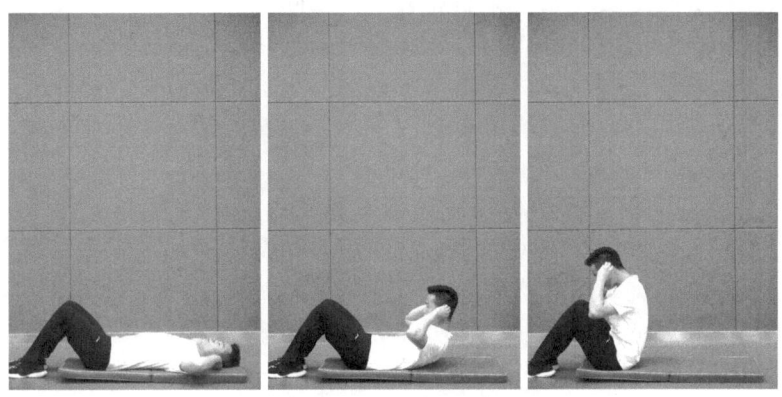

图 6-3-3　仰卧起坐

2. 直脚上举

目的：主要发展腹直肌、髂腰肌的力量。

动作方法：仰卧于垫子上，两腿并拢伸直，两手放于体侧。双腿并拢，靠腹部的力量将脚慢慢举起，保持躯干与大腿成120°的夹角，静止5～10秒，然后还原（图6-3-4）。

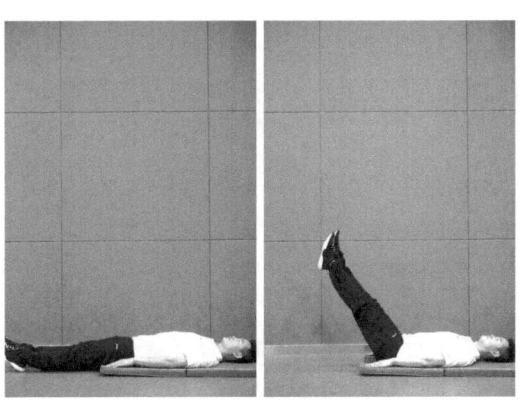

图 6-3-4　直脚上举

第四节　变姿类职业体能特点

一、变姿类职业岗位简介

变姿类职业学生的静力性工作与动力性工作交替进行,所以学生在劳动(学习)时的解剖学、生理学负荷特征与坐姿、站姿类职业有许多相同之处,但又并不完全等同。因为这类学习、工作姿势变化没有一定的规律,有些专业(如汽修系维修工)姿势变化频率快,肌肉交替休息不易疲劳;有些工种(如数控系铣工)学习、工作时需要一定静力紧张的负荷,因此肌肉处于紧张收缩的状态,很容易造成肌肉紧张、僵硬。变姿类职业工种繁多,因此要针对不同的工种进行分析。

变姿类岗位学生在高温、高湿、高寒、辐射和噪音等恶劣环境下工作,工业自动化程度相对低,体力消耗大,且存在不良姿势、过度用力和振动等诸多职业性疾患危险因素。因此,这类职业对人体健康提出了特殊要求:不但需要具备良好的心肺功能,也需要身体各部位具备良好的协调性和灵活性。在开展针对性的体能训练时,应考虑锻炼身体各部位,使全身各部位都得到运动,以适应工作的需要。

二、增强心肺功能的练习方法

在现场作业时,要求心脏功能随工作强度的改变而适当地进行调整,以满足工作的需要。对汽修工作现场的技术员心肺功能调研发现,有些员工在烈日下工作时,常出现因心脏不能适应高温环境而昏厥的现象。因此,对室外工作的人员加强心肺功能的训练是必要的。

在选择运动项目进行锻炼时,可考虑健美操、游泳、长跑、跳绳、越野、健身跑等项目。

三、提高肌肉耐力的练习方法

肌肉耐力是肌肉长时间维持工作的能力。高抬举作业,如手举焊枪、紧固螺丝和打孔等,需要保持长时间的肌肉收缩状态,容易造成工作效率降低,甚至出现工伤事故。需要采用小负荷,重复多次的练习方法来提高肌肉耐力。

四、抗热、抗寒、抗风雨、抗辐射能力的练习方法

室外工作时,夏天的火热,冬天的寒冷都可引起人体免疫能力的降低,导致机体不适,进而引起疾病。对此,应加强有氧运动,以提高免疫力。同时,可参加定向越野、野外素质拓展等项目,以提高抗疲劳能力、野外生存能力和环境适应能力等。

五、提高平衡能力的练习方法

有效的平衡依赖于柔韧性、躯干主要肌肉的力量,以及良好的肌肉协调性。在体能训练或运动项目选择时,应考虑发展稳定性、下肢肌肉静力性耐力、灵敏性的需要。重点介绍提高平衡能力的几种方法。

1. 燕式平衡

目的:增强小腿、后背和腹部主要肌肉工作的稳定性。

动作方法:由站立开始,右脚向前迈一步,上体前倾,左腿后上举高于头,抬头挺胸,两臂侧举成燕式平衡。支撑腿要伸直,两腿交替进行(图6-4-1)。

图6-4-1 燕式平衡

2. 静止拱桥

目的:增强后背和腹部主要肌肉工作的稳定性。

动作方法:平躺,脚着地,手臂放在体侧,脊柱位于中间位置,臀部、大腿和躯干肌肉用力提起骨盆,直到肩膀与膝盖成直线,然后身体缓慢下降,还原(图6-4-2)。

图6-4-2 静止拱桥